Raquel Carpenter

O Poder do Sangue de Jesus

SEJA VITORIOSO PELA GRAÇA DESTA DEVOÇÃO

ANGELVS
EDITORA

Dados Internacionais de Catalogação na Publicação (CIP)
(Câmara Brasileira do Livro, SP, Brasil)

Carpenter, Raquel
O poder do sangue de Jesus : seja vitorioso pela graça desta devoção / Raquel Carpenter. -- São Paulo : Angelus Editora, 2020.

ISBN 978-65-991425-0-5

1. Jesus Cristo - Orações e devoções 2. Jesus Cristo - Sangue 3. Testemunhos (Cristianismo) I. Título.

20-38349 CDD-242.72

Índices para catálogo sistemático:

1. Jesus Cristo : Orações e devoções : Cristianismo
242.72

Cibele Maria Dias - Bibliotecária - CRB-8/9427

9ª Edição

O PODER DO SANGUE DE JESUS -
Seja vitorioso pela graça desta devoção
Copyright © Angelus Editora - 2020

Direção Editorial:
Maristela Ciarrocchi

Revisão:
Vero Verbo Serv. Edit. LTDA. - ME

Capa:
João Pedro de Jesus Klein - Setor de
comunicação da Comunidade Água Viva

Projeto gráfico e diagramação:
Priscila Venecian

ISBN: 978-65-991425-0-5

Raquel Carpenter

O Poder do Sangue de Jesus

SEJA VITORIOSO PELA GRAÇA DESTA DEVOÇÃO

ANGELVS
EDITORA

Dedico este livro à Comunidade Água Viva, pois ela foi e é o meu sustento espiritual em todos os momentos. Agradeço aos meus pais e às minhas irmãs, por serem os grandes inspiradores da minha vida. Também rendo graças a todos os sacerdotes que nos inspiram e nos apoiam.
E ao meu Pai espiritual
Dom Silvestre Luís Scandián, *in memoriam*.

"Precisamente esse sangue [o Sangue de Cristo] é o motivo mais forte de esperança, ou melhor, é o fundamento da certeza absoluta de que, segundo o desígnio de Deus, a vitória será da vida." (*Evangelium Vitae*, 25).

SUMÁRIO

Prefácio   9

1. Introdução   13

2. Devoção ao Precioso Sangue de Cristo   17

3. Início da devoção na Comunidade Água Viva   23

4. Início da devoção ao Sangue de Jesus – Testemunho do Poder do Sangue de Jesus   27

5. Terço do Precioso Sangue de Jesus   45

    Novena do Sangue de Jesus   51

    Ladainha ao Preciosíssimo Sangue de Jesus   59

6. 31 Gotas do Sangue de Jesus   63

7. Outras Orações ao Precioso Sangue de Jesus   101

    Via-Sacra do Sangue de Jesus   101

    Louvor às Chagas e ao Sangue do Cordeiro   125

    Oração de Consagração ao Sangue de Jesus   127

    Oração a Nossa Senhora, Rainha do Preciosíssimo Sangue   129

    Oração do Cerco de Jericó   130

    Oração de libertação   138

8. Novena em preparação à festa do Sagrado Coração de Jesus 141

9. Conclusão 151

PREFÁCIO

Esses são os que vieram da grande tribulação. Lavaram e alvejaram as suas vestes no sangue do Cordeiro... Eles venceram o Dragão pelo sangue do Cordeiro e pela palavra do seu próprio testemunho" (Ap 7,14; 12,11)

O último livro da Bíblia anuncia, por meio de belíssimas imagens, a derradeira vitória do Salvador e de seus eleitos sobre o antigo inimigo e suas táticas de destruição. Ao descrever os habitantes da Nova Jerusalém, os vencedores em Cristo, João aponta algumas de suas características comuns. Depois de dizer que o Santuário Celestial é povoado por uma multidão incontável, de toda raça e língua, o apóstolo nos ensina que todos ali:

a) Passaram por grande tribulação.

b) Lavaram suas vestes no Sangue do Cordeiro de Deus.

c) Testemunharam a própria fidelidade ao Senhor.

É maravilhoso saber que, apesar das diferenças de origem, cultura ou temperamento entre os habitantes do céu, todos têm um mesmo selo de identificação. Isso significa que não importam as circunstâncias de nosso nascimento ou nossas características particulares; contanto que sejamos marcados pelo "selo" de Deus, estamos trilhando um glorioso caminho rumo à vitória final. Esse sinal que nos destina ao céu é o Sangue do Cordeiro!

Nas palavras de João, não há ninguém habitando a Jerusalém do Alto que não tenha chegado lá através de grande tribulação. O caminho dos vencedores em Cristo passa pela prova e pela cruz. O próprio Jesus já havia alertado durante o Seu ministério terreno: "Se alguém quiser vir comigo, renuncie a si mesmo, tome sua cruz e siga-me" (Mt 16,24). A tribulação e o deserto são "estações" em nosso caminho com o Senhor porque nos fazem conhecer o que há em nosso coração e nos ensinam a depender confiadamente da misericordiosa graça de Deus. Nossa fragilidade revelada e nossa incapacidade de prosseguir sozinhos nos fazem buscar abrigo debaixo do Sangue do Salvador. Por isso, o relato de nossas dores e a lembrança das tribulações devem ser para nós motivo de louvor e testemunho. Ao olharmos para trás e percebermos quanto o Sangue nos ia lavando e alvejando nossa alma, compreenderemos que nada em nossa história se perdeu, ao escolhermos confiar em Cristo e em Seu insondável amor por nós. Este é o desejo do Espírito Santo que habita em nosso coração: transformar nossa história sofrida e permeada de tribulações em testemunho vivo do poder de Deus.

O livro que você tem em mãos é um convite a se recobrir com o Precioso Sangue de Jesus. Nele, Raquel Carpenter compartilha conosco seu testemunho ao passar por uma grande tribulação. O poder curador e libertador do Sangue do Cordeiro, que infunde em nós uma nova e plena vida, foi descoberto e apropriado por ela justamente num momento de fragilidade e impotência extrema. Talvez a sua história, querido leitor ou querida leitora deste livro, seja também essa. Se você está em grande tribulação, lave-se agora no Sangue de Jesus e recubra com Ele suas dores, seus fracassos, seus sonhos, seu potencial. Tudo será purificado, renovado, pelo sacrifício vitorioso de Jesus.

Além disso, este livro é um pequeno manual para ajudá-lo em sua vida de oração. Apropriar-nos do poder do Sangue de Jesus é algo que devemos fazer pessoalmente em nossos encontros com o Senhor. Temos à nossa disposição a vitória que Jesus conquistou na cruz com Sua obediência e confiança filial. Há um precioso tesouro à nossa disposição!

Cada cristão deve aprender, agora, a recorrer a esse manancial divino e aplicá-lo sobre si. Precisamos nos tornar homens e mulheres de oração, que encontram na intimidade com Deus a fonte de seu falar e agir. Como serão maravilhosos os frutos que colheremos de uma semeadura irrigada pelo Sangue de Cristo.

Querido irmão, prezada irmã, que a leitura deste livro abençoe sua vida. Que ela os inspire a transformar também suas tribulações em caminho para o céu, pela fé. Que você experimente o alívio e a renovação que nascem da cobertura com o Sangue de Jesus. Que esse Sangue purifique seus pensamentos, seus sentimentos, suas palavras e suas atitudes, para que você também seja uma bênção na vida de muitas pessoas.

Pe. Antonio José

Pároco da Paróquia Nossa Senhora de Fátima na Arquidiocese do Rio de Janeiro e Diretor Espiritual do Conselho Nacional da RCCBRASIL

1

INTRODUÇÃO

Jesus disse: "Em verdade, em verdade, vos digo: se não comerdes a carne do Filho do Homem e não beberdes o seu sangue, não tereis a vida em vós. Quem se alimenta com a minha carne e bebe o meu sangue tem a vida eterna, e eu o ressuscitarei no último dia. Pois minha carne é verdadeira comida e meu sangue é verdadeira bebida". (Jo 6,53-55)

Jesus tem para nós vida, e vida em abundância (Jo 10,10)! Essa é a Boa-Nova do Evangelho! Esse é o desejo de Deus para nós, Seus filhos, Seus escolhidos: VIDA EM ABUNDÂNCIA! VIDA VERDADEIRA! Para isso, Ele nos ensina e nos deixa o caminho: é necessário "comer de Sua carne e beber de Seu sangue".

E falar de sangue é falar de vida! Em nosso corpo, o sangue, por meio do transporte de nutrientes, é responsável pela **manutenção da vida**! No Antigo Testamento, o sangue nos é apresentado como sinal de vida. Em Levítico 17,11, por exemplo, Deus, ao dar instruções a Moisés, diz: "Porque a vida de um ser vivo está no sangue, e eu vos mandei pôr o sangue sobre o altar para expiar por vossas vidas, pois é o sangue que faz a expiação pela vida". Também em Deuteronômio 12,23 está escrito: "(...) o sangue é a vida".

Biologicamente o sangue também é proteção, pois em sua composição existem células que são responsáveis pela defesa do organismo contra vírus, bactérias ou outras substâncias estranhas. No Antigo Testamento, o sangue também representa proteção. Em Êxodo 12,7.12-13, o Senhor orienta os seus escolhidos a passar o sangue de um animal sem defeito, imolado, nas portas de suas casas, e esse sangue seria o sinal para a proteção deles.

Além disso, no Antigo Testamento, o sangue é também sinal de aliança: "Moisés pegou o resto do sangue e com ele aspergiu o povo, dizendo: 'Este é o sangue da aliança que o Senhor faz convosco mediante essas cláusulas.'" (Ex 24,8). E também sinal de purificação: "Aspergirá a parede do altar com o sangue da vítima pelo pecado, e o resto do sangue será aspergido no pé do altar. Esse é um sacrifício pelo pecado" (Lv 5,9).

> "Tomou, finalmente, o óleo da unção e o sangue que estava sobre o altar e aspergiu sobre Aarão e suas vestes, seus filhos e suas vestes, e consagrou assim Aarão e seus filhos com suas vestes." (Lv 8,30)

> "Imolará o cordeiro do sacrifício de reparação, e tomará do sangue do sacrifício para pô-lo na ponta da orelha direita daquele que se purifica, bem como no polegar de sua mão direita e no hálux de seu pé direito." (Lv 14,25)

Deus nos ensinou a importância do sangue desde o princípio, e em Cristo tudo ganhou novo sentido e uma perspectiva infinitamente amplificada: **o Sangue de Cristo em nós é vida, proteção, libertação, purificação, reconciliação, cura!** O Sangue de Cristo representa Sua vida humana e divina!

2

DEVOÇÃO AO PRECIOSO SANGUE DE CRISTO

A devoção ao Precioso Sangue de Jesus surge na Igreja primitiva:

> "Nesse Filho, pelo seu sangue, temos a Redenção, a remissão dos pecados, segundo as riquezas da sua graça." (Ef 1,7)

> "E da parte de Jesus Cristo, testemunha fiel, primogênito dentre os mortos e soberano dos reis da terra. Àquele que nos ama, que nos lavou de nossos pecados no seu sangue." (Ap 1,5)

> "Tendes consciência de que fostes resgatados da vida fútil herdada de vossos pais, não por coisas perecíveis, como a prata ou o ouro, mas pelo precioso sangue de Cristo, cordeiro sem defeito e sem mancha." (1Pd 1,18-19)

Foi o Papa Bento XIV (1740-1748) que ordenou a Missa e o ofício em honra ao Sangue de Jesus, estabelecendo o dia 1º de julho como o de sua festa, e foi o Papa Pio IX (1846-1878) que, por meio de um decreto, estendeu o culto ao Precioso Sangue de Cristo à Igreja Universal. Em seguida, após a reforma litúrgica promovida pelo Concílio Vaticano II, o Papa Paulo VI uniu a recordação do Sangue de Cristo à do seu Corpo, na solenidade que tem precisamente o nome "Sacratíssimo Corpo e Sangue de Cristo" (Discurso às Associações dedicadas ao culto do Sangue de Cristo, aos sócios da Avis e a vários grupos de fiéis. Sábado, 1º de julho de 2000, João Paulo II). Permaneceu, porém, a permissão, de forma votiva, da celebração da honra ao Sangue de Cristo no dia 1º de julho e durante todo este mês.

Segundo o Papa João XXIII, é importante ressaltar a íntima relação existente entre as três devoções aprovadas pela Igreja: a Devoção ao Seu Santo Nome, ao Seu Coração Sagrado e ao Seu Precioso Sangue. A devoção ao Precioso Sangue pode e deve se manifestar:

1) Na Veneração ao Santíssimo Sacramento, principalmente no momento da Elevação do Sagrado Cálice, na Santa Missa, podendo o fiel, inclusive, se unir ao sacerdote celebrante em

oração neste momento, repetindo mentalmente as palavras: "Tomarei o cálice da salvação e invocarei o nome do Senhor... O Sangue de Cristo me guarde para a vida eterna. Amém".

2) Através de orações, especialmente com a recitação das Ladainhas, principalmente durante o mês de julho, mês dedicado ao Precioso Sangue de Nosso Senhor Jesus Cristo.

3) Através da Sagrada Comunhão, mesmo que recebendo somente a espécie de pão, pois que, "o Sangue divino está indissoluvelmente unido ao Corpo de Cristo no Sacramento da Eucaristia. Desta maneira, os fiéis que dele se aproximarem dignamente receberão os mais abundantes frutos da redenção, da ressurreição e da vida eterna que o Sangue derramado por Cristo sob o impulso do Espírito Santo mereceu para todo o gênero humano".

(Encíclica *Inde a Primis*, n. 1, Papa João XXIII - 1958-1963)

"Porque isto é meu sangue, o sangue da Nova Aliança, derramado por muitos homens em remissão dos pecados." (Mt 26,28)

"Durante a refeição, Jesus tomou o pão, benzeu-o, partiu-o e o deu aos discípulos, dizendo: 'Tomai e comei, isto é meu corpo'. Tomou depois o cálice, rendeu graças e deu-lho, dizendo: 'Bebei dele todos, porque isto é meu sangue, o sangue da Nova Aliança, derramado por muitos homens em remissão dos pecados.'" (Mt 26,26-28)

Esse é o fundamento da Sagrada Eucaristia, em que Jesus, pelo pão e pelo vinho, se oferece a nós em verdadeiro alimento, "Porque Cristo, nosso Redentor, disse que o que Ele oferecia sob a espécie do pão era verdadeiramente o seu corpo, (...) e pela consagração do pão e do vinho opera-se a conversão de toda a substância do pão na substância do corpo de Cristo nosso Senhor, e de toda a substância do vinho na substância do Seu sangue." (CIC 1376)

São João Crisóstomo exclama: "Saímos daquela mesa [eucarística] quais leões expirando chamas, tornados terríveis ao demônio, pensando em quem é o nosso Chefe e quanto amor teve por nós... Esse Sangue, se dignamente recebido, afasta os demônios, chama para junto de nós os anjos e o próprio Senhor dos anjos... Esse Sangue derramado purifica o mundo todo... Este é o preço do universo, com ele Cristo redime a Igreja... Tal pensamento deve refrear as nossas paixões. Até quando, com efeito, ficaremos apegados ao mundo presente? Até quando ficaremos inertes? Até quando descuraremos pensar na nossa salvação? Reflitamos sobre os bens que o Senhor se dignou de nos conceder, sejamos-lhe gratos por eles, glorifiquemo-lo não só com a fé, mas também com as obras." (Cf. Encíclica *Inde a Primis*, n. 11)

São Padre Pio convida-nos: "Contemplemos com devoção o sangue de Jesus derramado até a última gota por nós na cruz pela redenção da humanidade". (https://cleofas.com.br/a-devocao-ao-sangue-de-cristo-e-seu-significado/)

3

INÍCIO DA DEVOÇÃO NA COMUNIDADE ÁGUA VIVA

Um dia, de forma nova, escutei este versículo: "Por suas chagas fomos curados" (1Pd 2,24). A partir desse momento, iniciei um grande aprofundamento sobre o que significava ser curado pelo Sangue de Jesus. Conhecer o Poder do Sangue de Jesus faz-nos mergulhar em um grande mistério: Ele deu a vida por nós! (1Jo 3,16). Há um grande poder nessa verdade! Sabemos que Jesus veio para destruir as obras do demônio (1Jo 3,8) e, pelas Chagas de Jesus, pelo poder de Seu Sangue, o Senhor nos cura.

Podemos perceber quão grande é o poder do Sangue de Jesus:

1) Purifica toda a humanidade de seu pecado e destrói as obras do demônio.

2) Amedronta o diabo, por ser a única coisa que purifica uma alma enferma por causa do pecado.

3) Santifica-nos pela oferenda do corpo de Jesus Cristo.

4) Livra-nos da culpa do pecado, da morte e do castigo pelo pecado.

5) Quem beber do Sangue de Cristo terá a vida eterna e Ele nos ressuscitará no último dia.

6) "Quem beber o Sangue de Cristo permanecerá em Cristo e Cristo permanecerá nele". (Jo 6,56)

Ensinar, testemunhar e divulgar a devoção ao Sangue de Jesus para mim, para nossa Comunidade, é uma missão dada por Deus. Muitos não conhecem e não usam esta grande arma que é o Sangue de Jesus. Na carta aos Hebreus 9,13-14, o Senhor nos diz: "De fato, se o sangue de bodes e touros e as cinzas de novilhos espalhadas sobre seres impuros os santificam, realizando a pureza ritual dos corpos, quanto mais o Sangue de Cristo purificará a nossa consciência das obras mortas para servirmos ao Deus vivo, pois, em virtude do Espírito eterno, Cristo se ofereceu a Si mesmo a Deus como vítima sem mancha".

No Antigo Testamento, sacrificavam-se animais para a purificação dos pecados. Era utilizado um animal puro (a vida inocente do animal) para ser sacrificado no lugar da pessoa culpada. Quando esse sacrifício era oferecido com verdadeira intenção, o sangue inocente derramado tornava possível o perdão dos pecados. Em Levítico 17,11, está escrito: "Porque a vida de um ser vivo está no sangue, e eu vos mandei pôr o sangue sobre o altar para expiar por vossas vidas, pois é o sangue que faz a expiação pela vida". Se o sangue de um animal era capaz de purificar, muito mais o será o Sangue de Jesus. O Senhor já estava nos ensinando e nos preparando para o verdadeiro sacrifício. Ele seria o verdadeiro Cordeiro Imolado. Jesus assume ser o Cordeiro Pascal do Novo Testamento (Ex 12,23-24; Is 53,7; Lc 22,15; Jo 1,29.36; 1Co 5,7; 1Pd 1,19; Ap 5,6.12; 7,14; 22,1.3).

No evangelho de João temos esta verdade revelada: "Eis o cordeiro de Deus, aquele que tira o pecado do mundo" (Jo 1,29). Apenas o Sangue do próprio Filho de Deus poderia purificar toda a humanidade de seu pecado e destruir as obras do demônio.

Nós recebemos um grande presente, uma grande graça: O Senhor se deu por inteiro para que eu e você tivéssemos nossa VIDA restituída. O que seria de nós se o Senhor não "entrasse em nossa frente" nem se entregasse em nosso lugar? O que seria de você se o Senhor não entrasse na sua frente nem dissesse: "Ele não! Ela não! Eu dou todo o meu sangue por eles". Por amor, Ele se deu por mim e por você. Glorifique a Deus neste instante pelo grande presente que recebemos: Ele deu a sua vida por nós!

4

INÍCIO DA DEVOÇÃO AO SANGUE DE JESUS – TESTEMUNHO DO PODER DO SANGUE DE JESUS

Em 2004, eu vivenciava o momento mais feliz de minha vida, pois o Senhor havia me chamado a deixar meu trabalho, minha família, para me dedicar inteiramente à vida missionária. Eu era missionária desde 1994, mas na modalidade externa (tinha meu trabalho, morava com meus pais e, durante a noite, servia à comunidade). Sentia, no entanto, que em algum momento o Senhor me chamaria à dedicação exclusiva. Quando esse dia chegou, minha alegria foi imensa.

O que não imaginava era que, ao final daquele ano, eu também me depararia com um dos momentos mais difíceis da minha vida. Comecei a apresentar dificuldades para me alimentar, muita azia, perda de apetite, fraqueza, fadiga, desmaios, e não entendia o que estava acontecendo.

Meu irmão havia falecido de morte súbita aos 19 anos (momento em que minha mãe estava grávida de mim). Em razão dos meus desmaios, todos ficaram preocupados, por conta da morte de meu irmão, e iniciamos uma investigação médica para saber o que estava ocorrendo comigo.

Ao consultar um cardiologista, realizei uma bateria de exames, mas nenhum deles foi conclusivo para identificar a raiz dos sintomas. Consultei também um gastroenterologista, que iniciou outra busca diante da perda de peso e de tantos desconfortos abdominais. Chegamos ao resultado de gastrite e refluxo, bem como alguns pólipos, mas ainda assim não era um diagnóstico definitivo.

Passei a ter também muitas dores e contraturas musculares, depois vários torcicolos, que, a cada dia, comprometiam um lado do pescoço, e, eventualmente, certa dificuldade em movimentar as mãos. As dores articulares tornaram-se um grande problema, pois passaram de intermitentes a migratórias: a cada dia eu sentia dor em articulações diferentes. O ortopedista diagnosticou, de início, torcicolo, depois artralgia e suspeitou de artrite reumatoide. Por não haver um diagnóstico satisfatório nem estabilização do quadro geral, a investigação foi ficando mais intensa, e muitas especialidades médicas acabaram sendo envolvidas.

Sucederam também problemas na mastigação e na audição, o que exigiu uma consulta ao otorrinolaringologista, que identificou um problema na articulação da mandíbula e uma perda auditiva de 40%.

Esses inúmeros sintomas tornaram-se para mim uma grande inquietação, pois não havia nenhuma explicação conclusiva para eles nem um tratamento que desse resultado. As dores de cabeça tornaram-se frequentes, as dores articulares, intensas e a mobilidade de todo o corpo, bastante comprometida. Tive paresia – perda de força nas mãos – e não conseguia segurar um copo, escovar os dentes, pentear os cabelos. Já não podia mais sair sozinha, pois corria o risco de perder repentinamente os movimentos. Parei de dirigir depois de ter, no meio do trânsito, todos os movimentos travados de forma súbita. Felizmente não aconteceu o pior, pois, além disso, eu poderia ter provocado um grave acidente. Nesse momento em que travei totalmente, eu estava dirigindo na Terceira Ponte, em direção à minha Comunidade, e olhei para o Convento Nossa Senhora da Penha e, em lágrimas de dor e de clamor que rolaram pelo meu rosto, pedi a Nossa Senhora que me levasse até em casa. E fui vendo um grande milagre acontecer: os carros que estavam à minha frente saíam, peguei todos os sinais abertos e, graças a Deus, era uma reta até o bairro em que fica minha casa. Eu tinha certeza de que naquele momento o Senhor havia colocado anjos para me levarem em segurança até minha casa.

Diante da situação pela qual eu passava, muitas pessoas me questionavam porque Deus havia permitido aquilo em minha vida. Na dor, nas dificuldades sempre somos questionados sobre a ação de Deus. Muitas pessoas me perguntaram o que Deus queria com aquela experiência, pois eu o servia, e não "merecia" passar por ela. É difícil enfrentar esses questionamentos feitos pelas pessoas e principalmente por nós mesmos. Corremos o grande risco de duvidar do amor de Deus, e muitas vezes chegamos a acreditar que Deus "envia" esses sofrimentos para nós.

Em toda a minha vida missionária, sempre vi os muitos milagres de Deus, o agir de Deus, rezava por muitas pessoas no ministério de cura e libertação e testemunhei muitas graças alcançadas. A grande questão, no entanto, é quando a tribulação "bate à tua porta". Todos os ensinamentos, estudos e orações que fiz em toda a minha história não foram suficientes para me fazer acreditar que Deus estava comigo e olhando por mim. Da minha boca saía a palavra bíblica, mas eu percebia que essas palavras não estavam tão enraizadas em meu coração. Não imaginava que teria um grande reencontro com o Senhor no meio dessa enfermidade, não imaginava o que estava para acontecer em minha vida missionária. Fui tendo uma nova visão desse momento que eu vivenciava e percebendo nas entrelinhas o que Deus estava falando comigo e fazendo em mim.

Ao consultar uma reumatologista, ouvi uma frase difícil, mas já sabia que era o Senhor me avisando que ainda teríamos mais momentos difíceis. Ela me disse: "Para que possamos concluir o diagnóstico, você ainda passará por alguns sintomas". Eu entendi exatamente o que isso significava: "vai piorar um pouco mais!".

Passei a ter vasculite, que é uma inflamação na parede dos vasos e muitas feridas, principalmente nas mãos, nos pés, na boca e no nariz. Iniciaram-se as ressonâncias e as tomografias para controle e investigação. Em razão de muitas feridas na boca e no nariz, a dificuldade para me alimentar aumentou. Nesse momento fui aconselhada a procurar outra reumatologista, mais especializada em casos de difícil diagnóstico, e fui submetida a novas baterias de exames e muitas biópsias. Foi um momento muito difícil, exames muito difíceis e constrangedores. A doença foi progredindo e novos sintomas apareceram: dificuldade para enxergar, problemas mais constantes para me locomover, problema nos rins, no intestino, no estômago, no baço, no fígado, além de fibromialgia.

Ao final de 2005, fui então diagnosticada com uma doença incurável chamada Lúpus Eritematoso Sistêmico (LES). Para mim foi um susto, pois mal conhecia a doença. Ouvir que temos uma doença incurável desperta um sentimento muito estranho, que nos desaloja, nos inquieta e desafia nossa fé. Contudo, eu não me abalei nem questionei Deus. Ali, comecei a entender que teria algo muito importante para aprender com aquela situação. Eu sabia que abriria meus olhos para algo que não havia ainda experimentado.

Pedi a toda a minha família, à comunidade e aos amigos que rezassem comigo pela mesma intenção: "Peçam a Deus que eu entenda o que este momento quer trazer para mim".

Iniciamos o tratamento e foi um abalo em meu físico. Já estava com muitas dores e dificuldades, mas, em um mês de tratamento, eu inchei 40 quilos, e foi assustador. Eu pesava 44 quilos antes do tratamento e com os corticoides passei a pesar 84 quilos. Essa alteração repentina de peso afetou minha respiração e aumentou minhas dores por causa do excesso de peso. Minhas noites foram ficando difíceis e eu me cansava bastante em dar apenas alguns passos. Fiquei tão deformada que as pessoas não me reconheciam na rua, e por isso foi ficando mais difícil sair de casa e me deparar com situações assim. Comecei a ter perda de visão e isso prejudicou minha locomoção; tive de utilizar em alguns momentos a cadeira de rodas, pois o lúpus apresenta uma característica de sintomas migratórios que causavam muita insegurança, então eu não sabia o que poderia acontecer comigo até o final do dia. Os sintomas eram repentinos e se alternavam. Um dia eu mexia o pescoço normalmente, no outro não o mexia. Um dia conseguia andar, e no outro não. Essa instabilidade afetou-me muito. Sucederam convulsões, hipotermia, alteração de pressão, muitos vômitos, hemorragia...

Em uma dessas crises, fui levada ao hospital e rapidamente atendida no pronto-socorro. O médico suspeitou que estivesse tendo uma vasculite cerebral. Fui para a ressonância e ouvi uma funcionária do hospital comentar com outra: "Nossa, esse lúpus tá matando tantos jovens, né? Ontem morreu uma jovem de 17 anos e hoje uma de 19 anos. E agora mais esta jovem aqui tem lúpus". No momento em que ouvi esse comentário, olhei para Adriana Madalon (cofundadora da Comunidade Água Viva), que estava comigo, e pedi (em tom irônico) que me tirasse daquele hospital.

As situações eram inúmeras e realmente percebi que a morte estava mais perto de mim do que eu imaginava. Passei a indagar ao Senhor com maior intensidade o que Ele desejava de mim. Havia dado um passo para me consagrar inteiramente ao Senhor fazia pouco tempo e agora eu ia morrer?

As convulsões foram se tornando mais intensas, e a médica optou pela pulsoterapia, que consiste na administração de doses elevadas de corticosteroide por via endovenosa, durante um curto período de tempo. Cada ida ao hospital para fazer a pulsoterapia era um desafio, pois a sentia como uma bomba que causava inúmeras alterações físicas, emocionais e sociais.

No entanto, mesmo em meio a todas essas alterações, eu não deixava de realizar minha missão, minhas orações, mesmo que carregada para a capela; até nos dias em que não conseguia me mexer nem ver a luz, ficava agarrada em minha cruz ou em Nossa Senhora.

Meu estado foi se agravando mais: noites em claro com dores terríveis, sem remédio que as aliviasse, apenas as amenizava. Os cabelos caíram muito, a febre não cessava, e as crises ficavam cada dia mais intensas. Não conseguia fazer outra oração senão: JESUS, LAVA-ME COM TEU SANGUE! JESUS, PURIFICA-ME COM TEU SANGUE!

Ganhei um livro intitulado *Por suas chagas*, de Neil Velez, e fui percebendo que a minha fé precisava ser renovada. Diante dos inúmeros testemunhos de curas e milagres que aquele livro trazia, senti o Senhor me questionar: Você crê?

Nesse momento não adiantava responder rapidamente, pois percebi que, ao longo de toda a minha vida missionária, havia rezado pela cura de tantas pessoas, já tinha visto paralíticos se levantarem, muitos serem curados, mas, quando a doença "bateu à minha porta", tive dúvidas se EU poderia ser curada. Quando a enfermidade, a tribulação, bate à nossa porta, quando vemos o mar se fechando diante de nós, somos desafiados a olhar para o exército inimigo que avança contra nós ou para o Senhor Poderoso das batalhas. Percebi que algumas palavras bíblicas que eu usava em várias pregações ressoavam em minha cabeça e questionavam minha fé.

"Em verdade vos digo: se tiveres fé do tamanho de um grão de mostarda, direis a esta montanha: 'vai daqui pra lá', e ela irá. Nada vos será impossível." (Mt 17,20)

"Jesus respondeu-lhes: 'Em verdade, vos digo: se tiveres fé e não duvidares, não só fareis o que fiz com a figueira, mas também, se disserdes a esta montanha: 'Arranca-te daí e joga-te ao mar', acontecerá. Tudo o que na oração pedirdes com fé, vós recebereis.'" (Mt 21,21-22)

Ou como Jesus disse à mulher cananeia: "'Mulher, grande é a tua fé! Como queres, te seja feito!'. E a partir daquela hora, sua filha ficou curada". (Mt 15,28)

Isso me fez refletir: o que eu queria? O que eu realmente queria? Será que o meu desejo era tão profundo a ponto de dar passos de fé?

Rezar quando se está com dores insuportáveis não é nada fácil. Diante desses questionamentos precisei, mesmo em meio à dor física, fazer um profundo caminho de autoconhecimento e oração.

O que me impedia de acreditar no poder de Deus? O que me fazia duvidar de que o Sangue de Jesus realmente pudesse me curar?

Ao fazer um novo *check-up* com o cardiologista, ele me fez uma pergunta que ecoou dentro de mim: "Por que você quer morrer assim tão nova?". Naquele momento tive uma crise de raiva e choro, pois quem já passou por alguma enfermidade sabe o quanto essa pergunta causa estranhamento. Respondi muito rápido: "Eu não quero morrer!". E saí do consultório muito indignada. Essa frase ressoou dentro de mim, e fiquei noites e noites pensando o que essa pergunta poderia significar. Então comecei a rezar: JESUS, LAVA TODA A MINHA HISTÓRIA COM TEU SANGUE.

Depois de alguns dias, compreendi que o Senhor estava falando comigo por meio daquele médico. Havia algo em minha história, em meu passado, que deixara marcas em meu corpo. Nesse momento comecei realmente a querer entender o que era essa doença.

O lúpus é uma doença inflamatória autoimune que pode afetar múltiplos órgãos e tecidos, como pele, articulações, rins e cérebro. Doenças autoimunes são aquelas em que o sistema imunológico ataca tecidos saudáveis do próprio corpo, por engano. As causas das doenças autoimunes ainda não são conhecidas. Por uma razão desconhecida, o organismo passa a não reconhecer as próprias células e produz anticorpos contra elas (autoanticorpos), causando diversas anormalidades clínicas e laboratoriais. A teoria mais aceita é de que fatores externos estejam envolvidos na ocorrência dessa condição, principalmente quando há predisposição genética e uso de alguns medicamentos (cf. *site*: <https://saude.gov.br/saude-de-a-z/lupus>).

Ao olhar de frente para essa doença, percebi que meu corpo estava sinalizando uma luta. O meu sistema imunológico, que tinha a função de me proteger, estava me atacando. Algo estava acontecendo. Em meio a tantas noites em claro em razão das dores intensas, mesmo com doses altas de opioides e relaxantes musculares, comecei então a me questionar: por que meu corpo estava se atacando? Foi quando aumentei o clamor para que o Sangue de Jesus aliviasse minhas dores e me fizesse enxergar o que eu não estava vendo em minha história. O Sangue de Jesus passou a ser um remédio que eu buscava incessantemente. As dores eram tantas que nem a oração do Pai-Nosso eu conseguia fazer, apenas repetia pequenas orações como, JESUS, LAVA TODA A MINHA HISTÓRIA COM TEU SANGUE. Só conseguia dormir após clamar o Sangue de Jesus.

Em 2008, as convulsões aumentaram, passei a ter delírios, os sintomas se agravaram e senti que esse momento era decisivo: cheguei a me despedir de minha comunidade. Eu me vi entre a morte e a Vida.

Eu só conseguia repetir: "Sangue de Jesus, Sangue de Jesus, Sangue de Jesus".

Após essa despedida, chorei muito e então clamei a Deus por um milagre, peguei minha cruz, que ficava ao lado de minha cama, e a bíblia. Clamei pelo Sangue de Jesus e a palavra que o Senhor me deu estava em 1Pedro 2,24: "Carregou nossos pecados em seu próprio corpo, sobre a cruz, a fim de que, mortos para o pecado, vivamos para a justiça. Por suas feridas fostes curado".

Diante dessa palavra, lembrei-me do livro que havia ganhado alguns anos atrás e tive a certeza de que Jesus queria me curar. Reconheci meus inúmeros pecados e as áreas que precisavam ser curadas em minha vida. Tinha um enorme desejo de me ajoelhar e chorar pelos meus pecados, mas não conseguia mais ficar em pé, muito menos de joelhos, então rolei até o chão e, abraçada à minha cruz e à bíblia, fui confessando meus pecados e vivendo um profundo momento de cura interior. Percebi que o pecado da incredulidade estava muito enraizado e que projetei para Deus experiências familiares de considerar os outros sempre mais importantes. Parece um sentimento "bobo e infantil", mas, quando enraizado em nossa vida e não tratado, é projetado para todas as áreas. Enquanto eu chorava e rezava, Deus me deu uma imagem de muito sangue escorrendo da cruz e fazendo uma poça diante de mim. Toda a minha história foi sendo banhada no Sangue de Jesus e uma cura profunda foi acontecendo. Desde minha vida intrauterina, trazia a sombra da morte, pois meu irmão tivera uma morte súbita quando minha mãe estava no quarto mês de minha gestação. Toda a minha família se volta para esse momento inesperado e tão sofrido. Minha gestação, que até então era muito esperada, foi tomada por essa sombra de medo e dor. Não imaginava que minhas células, meu inconsciente, trouxessem esse registro de morte. Via o Sangue de Jesus lavando todo o ventre de minha mãe, cortando todas as cordas que me prendiam à morte.

Narro algumas doenças que tive anteriormente para que perceba que essa sombra me rondava desde os meus 17 anos, quando surgiram as primeiras enfermidades, como um teratoma de ovário, em que foi necessária sua retirada. Aos 19 anos, tive vários tumores benignos nas glândulas das pálpebras e passei por três cirurgias. Depois tive uma endometriose, também com a necessidade de cirurgia, pólipos de intestino e, por fim, lúpus. Fui identificando essa grande sombra que me rondava havia muito tempo. O Sangue de Jesus precisava me lavar por inteiro e restaurar minha história. Esse processo de cura narrarei mais profundamente em outro momento. Clamei que Jesus me desse um novo nascimento pelas suas Chagas, pelo seu Sangue. Após o término dessa oração, dormi no chão, como uma criança exausta de tanto chorar.

Quando acordei, levantei-me, caminhei até a porta e chamei as missionárias que estavam no corredor para que me ajudassem, pois estava com fome. A estranheza delas, ao me verem em pé e pedindo comida, foi tanta que percebi que havia acontecido algo de diferente. Havia dois anos que não sentia fome nem vontade de comer, e não ficava em pé sem ajuda. Diante desses pequenos sinais, percebi que algo havia mudado. Começamos a louvar ao Senhor e reunir a todos para compartilhar o que havia acontecido. Os dias foram passando e a oração ao Sangue de Jesus foi se intensificando, até ser chamada de "meu remédio diário", que, entre os mais de 40 comprimidos que eu tomava diariamente, se tornou o meu principal. As dores começaram a se reduzir e os movimentos foram voltando dia após dia. Eu sabia que este era o caminho da cura: arrependimento, cura interior e Sangue de Jesus.

Voltei à minha médica e contei o que havia acontecido, e ela me orientou a não divulgar nenhuma cura, pois o lúpus tem reincidência, e ela mesma não acreditava na cura. Com minhas melhoras, ela foi retirando as medicações e fiquei apenas com uma medicação. Voltei a andar e a me locomover normalmente, sem necessidade de ajudantes, as febres e a paresia cessaram, as feridas secaram instantaneamente. Sentia que os óculos já me incomodavam e que, portanto, não precisava mais deles. Voltei a escutar normalmente, não tive mais nenhuma convulsão, hemorragia, delírio, crises, apenas poucas dores articulares permaneceram. Nesse momento, questionei o Senhor por que eu precisava ainda tomar medicação e por que os sintomas não desapareceram todos de uma única vez. Desse modo, seria muito mais fácil minha médica acreditar na cura que o Senhor havia operado.

Apesar de as melhoras serem muito significativas, entendi que Deus aproveitaria mais essa situação para firmar minha fé. A cada dia experimentava mais uma vitória, e a cada dia eu sentia que precisava declarar minha fé e minha cura. Os exames foram sendo refeitos, de tempos em tempos, e a cada resultado mais uma prova do milagre do Sangue de Jesus. Ao final de um ano, pude experimentar que realmente fui lavada por inteiro pelo Sangue de Jesus, e eu não apresentava mais sintomas.

O Senhor foi aumentando minha fé de tal forma que sete anos se passaram de muitos testes, estudos para avaliar se realmente eu poderia ser declarada como curada. Os médicos comprovaram que minha visão e minha audição haviam sido totalmente restabelecidas. Muitos médicos haviam dito que a visão e a audição poderiam se estabilizar, mas ser restauradas completamente somente por MILAGRE. As dores sumiram, os rins, o fígado, o baço, o intestino, o estômago, todos estavam restaurados. Todas as feridas secaram, meus cabelos voltaram a crescer, voltei a fazer todas as atividades normalmente e a me locomover com muita agilidade, como antes. Voltei à VIDA pelo poder do Sangue de Jesus.

Durante sete anos, por obediência aos médicos, mantive apenas uma medicação, mesmo sem apresentar nenhum sintoma. E a cada ano minha médica se alegrava com minha satisfação em dizer: "Não tenho mais nada, estou curada!". E ela insistia em me perguntar se realmente não havia nenhuma artralgia ou crise de dor, e eu tinha a alegria de dizer: "Não sinto mais nada!!". Depois do terceiro ano, ela havia me dito que, se ao final do sétimo ano eu continuasse daquela forma, sem nenhuma reincidência, nenhuma crise, eu então receberia alta, cessariam as medicações e ela poderia me declarar curada.

Em 23 de dezembro de 2014, véspera de Natal, ao verificar os exames, minha médica me perguntou com ar de muita alegria: "Sabe que dia é hoje?". E logo emendou dizendo: "Hoje é véspera de Natal e tenho um presente para você: Está de alta!!". Foi a melhor frase que ouvi durante todos esses anos, e receber esse presente nessa época era a certeza de que Jesus estava me dizendo que Ele tinha inaugurado um novo tempo, uma vida Nova para mim. Era NATAL!

Desse momento em diante, comecei a pregar e declarar o poder do Sangue de Jesus publicamente, pois de maneira particular já o fazia desde 2008. E muitas pessoas me pediam que eu escrevesse as orações que havia feito. Então percebi que muitas dessas pessoas, assim como eu, em momentos de tormento, tribulações, dores físicas e emocionais, não conseguem rezar e às vezes nem ir à missa. Comecei a ensiná-las a clamar o Sangue de Jesus com as pequenas jaculatórias que eu tinha conseguido rezar naquela época e a se agarrar à cruz de Jesus, pois foi dela que jorrou Vida para nós.

Tive e tenho a graça de contemplar não apenas o milagre que o Senhor realizou em minha vida, mas também o que tem realizado na vida de tantos pelo PODER DO SANGUE DE JESUS.

5

TERÇO DO PRECIOSO SANGUE DE JESUS

O Terço do Precioso Sangue de Jesus foi uma oração que Deus me inspirou no momento de enfermidade relatado anteriormente. No auge da doença, tive uma grande experiência com a Palavra de 1 Pedro 2,24: "Por suas chagas, fomos curados" e, diante da cruz de Cristo, eu me declarei vitoriosa pelo Sangue de Jesus. A partir de então, iniciei uma jornada de oração e aprofundamento no Sangue de Jesus e no poder dessa oração. Em muitos momentos de dor, iniciava simples jaculatórias invocando o Sangue de Jesus, e as repetia. Aprofundei-me nas sete palavras de Jesus na Cruz, e a cada palavra eu experimentava grandes libertações, e Jesus foi conduzindo minha oração. Assim se deu a composição deste Terço. Dessa experiência e dessa oração, fui completamente curada daquela enfermidade considerada incurável pela medicina. Eu e toda a Comunidade Água Viva somos hoje devotos do Precioso Sangue de Jesus e temos como uma de nossas missões espalhar essa poderosa oração e devoção.

O Terço do Precioso Sangue de Jesus é composto de sete dezenas, que representam as sete palavras de Jesus na cruz. Há um grande poder em proferir e proclamar as palavras do Senhor, as palavras bíblicas. Por isso, a primeira grande graça desse Terço é repetir, nas contas grandes, as sete palavras de Cristo na cruz e, nas contas pequenas, o clamor pelo poder do Sangue de Jesus:

Terço do Sangue de Jesus

MEDITAÇÃO INICIAL

"Quereis conhecer o poder do Sangue de Cristo? Repare de onde começou a correr e de que fonte brotou." (São João Crisóstomo)

CREDO

"Para aquele que crê no poder do Sangue de Jesus, nada é impossível."

PRIMEIRO MISTÉRIO

Na conta grande: "Pai, perdoa-lhes, pois eles não sabem o que fazem." (Lc 23,34)

Na conta vermelha: "Jesus, lava-me com Teu Sangue." (7x)

SEGUNDO MISTÉRIO

Na conta grande: "Hoje estarás comigo no paraíso." (Lc 23,43)

Na conta vermelha: "Eu sou vitorioso(a) pelo Sangue de Jesus." (7x)

TERCEIRO MISTÉRIO

Na conta grande: "Eis aí tua mãe." (Jo 19,27)

Na conta vermelha: "Jesus, lava-me com Teu Sangue e todas as pessoas que comigo convivem." (7x)

QUARTO MISTÉRIO

Na conta grande: "Meu Deus, por que me abandonaste?" (Mc 15,34)

Na conta vermelha: "Jesus, lava toda a minha história com Teu Sangue." (7x)

QUINTO MISTÉRIO

Na conta grande: "Tenho sede." (Jo 19,28)

Na conta vermelha: "Jesus, purifica-me com Teu Sangue." (7x)

SEXTO MISTÉRIO

Na conta grande: "Tudo está consumado." (Jo 19,30)

Na conta vermelha: "Jesus, liberta-me pelo Teu Sangue redentor." (7x)

SÉTIMO MISTÉRIO

Na conta grande: "Pai, em tuas mãos entrego meu Espírito." (Lc 23,46)

Na conta vermelha: "Eu sou vitorioso(a) pelo Sangue de Jesus." (7x)

ORAÇÃO FINAL

"Que Teu Sangue seja para nós cobertura e proteção e que o divino Espírito Santo renove em cada um de nós sua unção, sua força e seu poder."

Glória ao Pai, ao Filho e ao Espírito Santo...

NOVENA DO SANGUE DE JESUS

A Novena do Sangue de Jesus é uma oração poderosa realizada durante nove dias, em que clamamos por aquilo que para nós parece impossível, mas, para aquele que crê no poder do Sangue de Jesus, NADA É IMPOSSÍVEL!

Iniciamos rezando a oração do Credo e, em seguida, a Ladainha ao Preciosíssimo Sangue de Jesus. O texto dessa ladainha em honra ao **Preciosíssimo Sangue de Cristo** foi criado pela Sagrada Congregação dos Ritos – hoje, Congregação para o Culto Divino – e promulgado pelo Papa João XXIII, em 24 de fevereiro de 1960. Na verdade, sua forma é mais antiga, pois textos similares podem ser encontrados em livros de orações do início do século XX. Aos fiéis que a recitarem devotamente concede-se **indulgência parcial**.

ORAÇÃO PARA TODOS OS NOVE DIAS DA NOVENA:

Em nome do Pai, do Filho e do Espírito Santo.

CREDO

"Para aquele que crê no poder do Sangue de Jesus, nada é impossível." (3x)

1º DIA DA NOVENA

Reze hoje clamando o poder do Sangue de Jesus sobre aquilo que para você é impossível (*diga agora sua intenção*). "Pedi e vos será dado! Procurai e encontrareis! Batei e a porta vos será aberta! Pois todo aquele que pede recebe, quem procura encontra e a quem bate, a porta será aberta!" (Mt 7,7-8)

Oração de todos os dias (Ladainha ao Preciosíssimo Sangue de Jesus e Terço do Sangue de Jesus)

2º DIA DA NOVENA

"A oração tem o poder de mudar o curso natural das coisas." (Raquel Carpenter)

Reze hoje clamando o Sangue de Jesus sobre sua vida e seu coração, pedindo a Jesus que aumente em você a fé e a confiança de que o seu impossível já foi acolhido por Ele! Confiar é o primeiro passo para que a obra de Deus se realize em sua vida, é dar espaço para que Deus aja: "Se creres verás a Glória de Deus" (Jo 11,40). (*Coloque sua intenção.*)

Oração de todos os dias (Ladainha ao Preciosíssimo Sangue de Jesus e Terço do Sangue de Jesus)

3º DIA DA NOVENA

"E esta é a confiança que temos em Deus: se Lhe pedimos alguma coisa de acordo com a Sua vontade, Ele nos ouve. E se sabemos que Ele nos ouve em tudo o que Lhe pedimos, sabemos que possuímos o que havíamos pedido." (1Jo 5,14-15)

Repita comigo: "Jesus, eu confio em Ti, e sei que estás comigo. Tu conheces o meu coração; eu te entrego minha vida, meu desejo de estar sempre mais ao Teu lado! Recebe agora, Senhor...". (*Coloque sua intenção*.). Amém.

Oração de todos os dias (Ladainha ao Preciosíssimo Sangue de Jesus e Terço do Sangue de Jesus)

4º DIA DA NOVENA

Reze hoje com o salmista, com o coração confiante em Sua misericórdia:

"Amo o Senhor porque escuta o clamor da minha prece. (*Coloque sua intenção*.)

Pois inclinou para mim seu ouvido no dia em que eu o invocava. (...) Então invoquei o nome do Senhor: 'Ó Senhor, salva a minha vida!'.

O Senhor é clemente e justo, o nosso Deus é misericordioso. O Senhor protege os simples: eu era fraco e ele me salvou." (Cf. Sl 116)

Oração de todos os dias (Ladainha ao Preciosíssimo Sangue de Jesus e Terço do Sangue de Jesus)

5º DIA DA NOVENA

Eu te convido hoje a rezar com a Palavra da carta aos Filipenses:

"Alegrai-vos sempre no Senhor! Repito, alegrai-vos! Seja a vossa amabilidade conhecida de todos! O Senhor está próximo. Não vos preocupeis com coisa alguma, mas, em toda ocasião, apresentai a Deus os vossos pedidos, em orações e súplicas, acompanhadas de ação de graças. E a paz de Deus, que supera todo entendimento, guardará os vossos corações e os vossos pensamentos no Cristo Jesus!" (Fl 4,4-7)

Reze comigo: "Eu (*fale seu nome*) me lavo e me consagro ao Sangue de Jesus. Que, pelo poder do Sangue de Jesus, eu seja liberto de toda força espiritual do mal que tente contra mim, contra minha família, amigos e pessoas queridas. Liberta-me, Senhor, de tudo que me atrapalha de receber e de perceber Tuas Graças na minha vida! Eu me abro para acolher Teu Amor, Tua Alegria, Tua Paz. Recebe meu coração e meu pedido, EU CONFIO EM Ti!". (*Coloque sua intenção.*)

Oração de todos os dias (Ladainha ao Preciosíssimo Sangue de Jesus e Terço do Sangue de Jesus)

6º DIA DA NOVENA

"É por causa de Sião que eu não me calo, não fico quieto por causa de Jerusalém, enquanto não chegar para ela a justiça como novo dia, e a sua salvação não brilhar qual uma tocha. As nações hão de ver tua justiça, os reis todos verão o teu triunfo." (Is 62,1-2a)

Neste sexto dia da Novena precisamos nos lembrar da fidelidade do Senhor. O olhar dele está voltado para você, Ele tem interesse por você e pelo seu pedido! (*Releia o versículo acima com seu nome.*)

Em uma breve oração, agradeça ao Senhor pela fidelidade dele em sua vida! (*Coloque sua intenção.*)

Oração de todos os dias (Ladainha ao Preciosíssimo Sangue de Jesus e Terço do Sangue de Jesus)

7º DIA DA NOVENA

"A oração fervorosa do justo tem grande poder. Assim Elias, que era um homem semelhante a nós, orou com insistência para que não chovesse, e não houve chuva na terra durante três anos e seis meses. Em seguida tornou a orar, e o céu deu a chuva, e a terra voltou a produzir o seu fruto." (Tg 5,16b-18)

"Tudo o que na oração pedirdes com fé, vós o recebereis." (Mt 21,22)

Neste sétimo dia da Novena, antes de qualquer coisa, você deve acreditar de todo o seu coração! Reze de todo o seu coração, como o profeta Elias! Confiando que Deus escuta sua oração, pelo poder do Sangue de Jesus. (*Coloque sua intenção.*)

Oração de todos os dias (Ladainha ao Preciosíssimo Sangue de Jesus e Terço do Sangue de Jesus)

8º DIA DA NOVENA

"Se permanecerdes em mim, e minhas palavras permanecerem em vós, pedi o que quiserdes, e vos será dado. Nisto meu Pai é glorificado: que deis muito fruto e vos torneis meus discípulos." (Jo 15,7-8)

Neste oitavo dia da Novena, reze apresentando seu coração e sua vida ao Senhor, entregue a Ele sua vida. Reze comigo: "Senhor, eu entrego minha vida em Tuas mãos, confiando nos Teus cuidados, no Teu amparo e no Teu socorro. Hoje, confiante de que o Senhor acolhe meu coração, eu Te peço...". (*Coloque sua intenção.*)

Oração de todos os dias (Ladainha ao Preciosíssimo Sangue de Jesus e Terço do Sangue de Jesus)

9º DIA DA NOVENA

Neste último dia da Novena, declare com vigor a sua Vitória!

"Eles venceram o Dragão pelo Sangue do Cordeiro e pela palavra de seu próprio testemunho." (Ap 12,11)

(*Coloque sua intenção.*) Repita comigo: "Eu sou vitorioso(a) pelo Sangue de Jesus, nessa situação (*fale a intenção que você colocou para esta Novena*): eu sou vitorioso(a) pelo Sangue de Jesus!

Minha família é vitoriosa pelo Sangue de Jesus.

Minha situação financeira é vitoriosa pelo Sangue de Jesus.

Meus sonhos e meus planos são vitoriosos pelo Sangue de Jesus."

Oração de todos os dias (Ladainha ao Preciosíssimo Sangue de Jesus e Terço do Sangue de Jesus)

LADAINHA AO PRECIOSÍSSIMO SANGUE DE JESUS

Senhor, tende piedade de nós.

Cristo, tende piedade de nós.

Senhor, tende piedade de nós.

Jesus Cristo, ouvi-nos.

Jesus Cristo, atendei-nos.

Deus Pai dos céus, tende piedade de nós.

Deus Filho, redentor do mundo, tende piedade de nós.

Deus Espírito Santo, tende piedade de nós.

Santíssima Trindade, que sois um só Deus, tende piedade de nós.

Sangue de Cristo, Sangue do Filho Unigênito do Eterno Pai, salvai-nos.

Sangue de Cristo, Sangue do Verbo de Deus encarnado, salvai-nos.

Sangue de Cristo, Sangue do Novo e Eterno Testamento, salvai-nos.

Sangue de Cristo, correndo pela terra na agonia, salvai-nos.

Sangue de Cristo, manando abundante na flagelação, salvai-nos.

Sangue de Cristo, gotejando na coroação de espinhos, salvai-nos.

Sangue de Cristo, derramado na cruz, salvai-nos.

Sangue de Cristo, preço da nossa salvação, salvai-nos.

Sangue de Cristo, sem o qual não pode haver redenção, salvai-nos.

Sangue de Cristo, que apagais a sede das almas e as purificais na Eucaristia, salvai-nos.

Sangue de Cristo, torrente de misericórdia, salvai-nos.

Sangue de Cristo, vencedor dos demônios, salvai-nos.

Sangue de Cristo, fortaleza dos mártires, salvai-nos.

Sangue de Cristo, virtude dos confessores, salvai-nos.

Sangue de Cristo, que suscitais almas virgens, salvai-nos.

Sangue de Cristo, força dos tentados, salvai-nos.

Sangue de Cristo, alívio dos que trabalham, salvai-nos.

Sangue de Cristo, consolação dos que choram, salvai-nos.

Sangue de Cristo, esperança dos penitentes, salvai-nos.

Sangue de Cristo, conforto dos moribundos, salvai-nos.

Sangue de Cristo, paz e doçura dos corações, salvai-nos.

Sangue de Cristo, penhor de eterna vida, salvai-nos.

Sangue de Cristo, que libertais as almas do Purgatório, salvai-nos.

Sangue de Cristo, digno de toda a honra e glória, salvai-nos.

Cordeiro de Deus, que tirais o pecado do mundo, perdoai-nos, Senhor.

Cordeiro de Deus, que tirais o pecado do mundo, ouvi-nos, Senhor.

Cordeiro de Deus, que tirais o pecado do mundo, tende piedade de nós, Senhor.

V. Remiste-nos, Senhor, com o Vosso Sangue.

R. E fizestes de nós um reino para o nosso Deus.

OREMOS:

Todo-Poderoso e Eterno Deus, que constituístes o Vosso Unigênito Filho Redentor do mundo e quisestes ser aplacado com o seu Sangue, concedei-nos a graça de venerar o preço da nossa salvação e de encontrar, na virtude que Ele contém, defesa contra os males da vida presente, de tal modo que eternamente gozemos dos seus frutos no Céu. Pelo mesmo Cristo, Senhor nosso. Assim seja.

Para concluir sua Novena, reze o Terço do Precioso Sangue de Jesus pela intenção que considere impossível.

6

31 GOTAS DO SANGUE DE JESUS

Contemplemos com devoção o sangue de Jesus derramado até a última gota por nós na cruz pela redenção da humanidade. (Padre Pio)

No mês de julho, rezaremos dia a dia, meditando sobre o Sangue de Jesus derramado por nós. Contemplaremos os 31 dias deste mês dedicado ao Sangue de Jesus, mas pode-se adaptar para qualquer mês do ano. Devemos contemplar cada gota do Sangue de Jesus derramada na cruz por nós, e que esta devoção nos traga vida, pois o Senhor se entregou para que tivéssemos vida e Vida em abundância (cf. Jo 10,10).

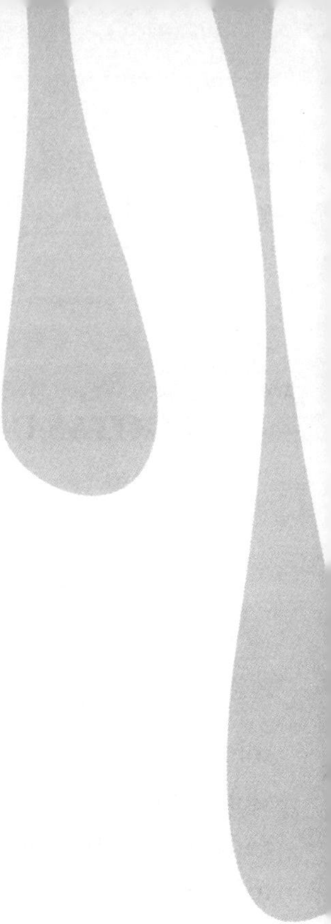

PRIMEIRO DIA DA GOTA DO SANGUE DE JESUS

"Isto é o meu sangue da aliança, que é derramado em favor de muitos, para perdão dos pecados." (Mt 26,28)

Meditação: Neste dia meditamos com a ajuda de São Mateus. Jesus diz que o Sangue dele é o Sangue da aliança. E o que isso quer nos dizer? Quando o povo de Deus rompia a aliança por meio do pecado, as pessoas ofereciam o sangue de animais para serem purificados e renovarem a aliança feita com o Senhor Deus em Êxodo 19. Jesus se oferece como a vítima de expiação para remir o pecado de toda a humanidade de uma vez por todas. Hoje nós não temos de usar o sangue de animais para purificar-nos de nossos pecados, mas devemos clamar ao Senhor que nos perdoe por meio do Sangue de Cristo derramado. Faça um momento de oração suplicando perdão por seus pecados e pedindo que o Sangue de Jesus lave você poderosamente.

Oração: Jesus, lava-me com Teu Sangue e ajuda-me a enxergar os pecados que cometi contra Ti, contra mim mesmo(a) e contra meus irmãos. O pecado é o único que me afasta de Ti e me faz escravo de Satanás. Por isso, Jesus, eu me arrependo de todo mal que cometi. Quero agora, pelo poder do Teu Sangue, reconhecer cada um deles (*peça perdão pelos seus pecados neste momento*) e declarar que me arrependo. Tende piedade de mim, Senhor! O Teu Sangue foi derramado para remissão dos meus pecados e, por isso, eu declaro agora que estou sendo lavado por ti e restaurado pelo Teu Sangue. O Inimigo não tem mais poder sobre mim, pois o Sangue de Jesus me libertou.

Para finalizar, repita: Jesus, em Teu infinito amor por mim, derramaste Teu Sangue para que meus pecados fossem perdoados. Dá-me a graça de ter sempre firmada em meu coração esta aliança de amor contigo por meio do Teu Preciosíssimo Sangue. Amém!

SEGUNDO DIA DA GOTA DO SANGUE DE JESUS

"Nele, e por seu sangue, obtemos a redenção e recebemos o perdão de nossas faltas, segundo a riqueza de sua graça." (Ef 1,7). *É ele que Deus destinou a ser, por seu próprio sangue*, instrumento de expiação mediante a fé. Assim Deus deixou sem castigo os pecados cometidos outrora, no tempo de sua tolerância. (Rm 3,25-26a)

Meditação: O Sangue de Nosso Senhor Jesus Cristo derramado por amor a nós nos redime de todas as nossas faltas. Não existe pecado que não seja lavado e perdoado pelo Sangue de Jesus. Muitas vezes, pensamos que nossos pecados são maiores que a redenção de Cristo e, dessa forma, afastamo-nos do amor de Deus. Em nossa vã consciência acreditamos que nós, sujos, podemos sujar o Senhor. Isso não é verdade! A riqueza da graça do Senhor é insondável e capaz de perdoar todas as nossas faltas, até as mais graves, que consideramos sem perdão. Para aquele que crê no poder do Sangue de Jesus, nada é impossível.

Oração: Jesus, purifica-me pelo Teu Sangue redentor. Faço neste momento uma grande avaliação de meus pecados (*medite por alguns instantes, tome consciência de seus pecados*). Peço perdão por todo mal que cometi contra Ti, contra Teu amor. Perdoa, Jesus, minha ingratidão e displicência ao Teu amor. Eu quero e necessito do Teu perdão para que minha história tenha um novo recomeço. Oh! Divino Antídoto, liberta-me do veneno do pecado. Amém. Aleluia. Amém.

TERCEIRO DIA DA GOTA DO SANGUE DE JESUS

"Ele então me disse: 'Estes são os que vieram da grande tribulação. Lavaram suas vestes no sangue do Cordeiro. Por isto estão diante do trono de Deus e lhe prestam cultos, dia e noite, no seu santuário.'" (Ap 7,14)

Meditação: No Catecismo da Igreja Católica, no art. 22, consta: Tenhamos os olhos fixos no Sangue de Cristo e compreendamos quanto Ele é precioso para o seu Pai, pois que, derramado para nossa salvação, proporcionou ao mundo inteiro a graça do arrependimento. Que neste dia o Sangue de Jesus nos dê uma grande graça de arrependimento, para que sejamos totalmente lavados pelo seu Sangue.

Oração: Meu Deus, eu me arrependo de todo o coração de vos Ter ofendido, porque sois tão bom e amável. Prometo, com a vossa graça, esforçar-me para ser bom. Meu Jesus, misericórdia! (*confesse seus pecados*). Com esta oração de contrição, desejo mudar meus atos e começar uma vida nova em Teu amor. Eu me lavo em Teu Preciosíssimo Sangue e declaro que sou resgatado pelo Teu Sangue. Obrigado(a), Jesus, por Teu perdão.

QUARTO DIA DA GOTA DO SANGUE DE JESUS

"É ele que Deus destinou a ser, por seu próprio sangue, instrumento de expiação mediante a fé. Assim Deus deixou sem castigo os pecados cometidos outrora, no tempo de sua tolerância." (Rm 3,25-26a)

> **Meditação:** "Fitai o Meu rosto cheio de Sangue, implorai que este Sangue desça sobre vós e purifique os vossos corações, porque Eu estou pronto a perdoar-vos e a gravar em vós o Meu rosto." (Cf. Via-Sacra Sangue de Jesus)

> **Oração:** Ao contemplar o Teu rosto, meu amado Senhor, eu não desejo outra coisa senão ser inteiramente banhado(a) por este infalível remédio de salvação. Lava-me de toda a minha culpa e sara toda a minha enfermidade. Piedade de mim, Senhor, por ter me fixado em minhas fragilidades em vez de contemplar a face do Teu amor extremo. Quero hoje confessar tudo que me afastou do Teu amor. Imploro o perdão de todos os meus pecados, para que, livre, eu possa amar com generosidade. Obrigado(a), Jesus.

QUINTO DIA DA GOTA DO SANGUE DE JESUS

"Quanto mais o sangue de Cristo purificará a nossa consciência das obras mortas, para servirmos ao Deus Vivo! Pois em virtude do Espírito eterno, Cristo se ofereceu a si mesmo a Deus como vítima sem mancha." (Hb 9,14)

Meditação: "Coloque seus pecados no cálice para o precioso sangue lavar. Uma gota é capaz de lavar os pecados do mundo." (Santa Teresa de Calcutá)

Oração: Meu Deus, porque sois infinitamente bom e Vos amo de todo o meu coração, bendito seja, pesa-me de Vos ter ofendido, e, com o auxílio da vossa divina graça, proponho firmemente emendar-me e nunca mais Vos tornar a ofender; peço e espero o perdão das minhas culpas, pela vossa infinita misericórdia. Amém.

SEXTO DIA DA GOTA DO SANGUE DE JESUS

"De fato se o sangue de bodes e touros e as cinzas de novilhas espalhadas sobre os seres impuros os santificavam, realizando a pureza ritual dos corpos, quanto mais o sangue de Cristo purificará a nossa consciência das obras mortas, para servirmos a um Deus vivo." (Hb 9,13-14a)

Meditação: Esse trecho da carta aos Hebreus revela-nos a graça que opera em nós por meio do Sangue de Jesus. Ele tem o poder de purificar nossas mentes das obras do mal, que insiste em nos envolver. Purificar-nos para que possamos servir a um Deus vivo e, assim, para se manifestar em nós a sua glória. Muitas vezes somos envolvidos por pensamentos de que a obra do mal é mais forte em nós, e, assim, somos conduzidos a agir de acordo com esse pensamento (cf. Pr 23,7). Nossa consciência fica obscurecida e nos perdemos de nossa identidade redimida por Cristo. O Sangue de Cristo já foi derramado para purificar nossa consciência, ou seja, os que creem em Cristo já tiveram suas mentes purificadas das obras mortas e estão livres para agir de acordo com o Espírito de Deus.

Oração: Jesus, liberta-me pelo Teu Sangue redentor. Quero que minha consciência resplandeça a Tua glória e o Teu poder, que me libertou das obras da morte. Eu renuncio a toda visão negativa de mim mesmo(a) e dos outros, renuncio a todas as obras da morte, pelo poder do Teu Sangue. Jesus, quero hoje me libertar de todas as ações que me conduzem aos maus pensamentos, que me conduzem ao mau julgamento do próximo. Eu me coloco diante da Tua cruz e me rendo ao poder do Teu Sangue. Lava minha consciência, Jesus, para poder ser uma pessoa nova.

SÉTIMO DIA DA GOTA DO SANGUE DE JESUS

"Aquele que nos ama, que por seu sangue nos libertou dos nossos pecados e que fez de nós um reino de sacerdotes para seu Deus e Pai, a ele a glória e o poder, pelos séculos dos séculos. Amém." (Ap 1,5-6)

> **Meditação**: O Sangue de Jesus tem o poder de nos libertar, de nos salvar, de nos resgatar de todos os nossos pecados. Segundo o Documento *Evangelium Vitae*, 25, precisamente esse Sangue [o Sangue de Cristo] é motivo de forte esperança, ou melhor, é o fundamento da certeza absoluta de que, segundo o desígnio de Deus, a vitória será da vida. Ele nos quer cheios de Vida, Ele nos elevou a um lugar de dignidade para que fôssemos um Reino de sacerdotes.
>
> **Oração:** Jesus, purifica-me com Teu Sangue redentor. Eu creio no poder do Teu Sangue, eu creio que Tu podes renovar totalmente a minha Vida. Eu declaro que Tu és a minha Esperança, Tu és a certeza da vitória. Eu declaro que sou vitorioso(a) pelo Sangue de Jesus, declaro que Teu Sangue é minha vitória. Obrigado(a), Jesus.

OITAVO DIA DA GOTA DO SANGUE DE JESUS

"Portai-vos com temor durante o tempo do vosso exílio. Tende consciência de que fostes resgatados da vida fútil herdada de vossos pais, não por coisas perecíveis, como a prata ou o ouro, mas pelo precioso sangue de Cristo, cordeiro sem defeito e sem mancha." (1Pd 1,17-19)

Meditação: São Pedro ensina que fomos resgatados pelo Sangue do Cordeiro de Deus mediante a "aspersão do seu sangue" (1Pd 1,2). "Porque vós sabeis que não é por bens perecíveis, como a prata e o ouro, que tendes sido resgatados da vossa vã maneira de viver, recebida por tradição de vossos pais, mas pelo precioso Sangue de Cristo, o Cordeiro imaculado e sem defeito algum, aquele que foi predestinado antes da criação do mundo." (1Pd 1,18-20)

Oração: Jesus, lava-me no Teu Sangue, asperge sobre mim Teu Sangue. Asperge sobre toda a minha casa o Teu Sangue Precioso. Purifica-me de todo mal, purifica minha família com Teu Sangue Precioso. Asperge Teu Sangue, Jesus, em todas as áreas de minha vida, todo o meu emocional, espiritual e físico. Asperge Teu Sangue em todos os meus relacionamentos, que o Teu Sangue esteja entre mim e cada pessoa que eu encontrar no dia de hoje. Asperge Teu Sangue em todos os meus empreendimentos e estudos. Que o Teu Sangue me cubra e me proteja, que Teu Sangue seja minha força e minha unção. Obrigado(a), Jesus, por todo o Teu Sangue derramado por mim.

NONO DIA DA GOTA DO SANGUE DE JESUS

"Pois a prova de que Deus nos ama é que Cristo morreu por nós, quando éramos ainda pecadores. Portanto, muito mais agora, que estamos justificados pelo seu sangue, seremos por ele salvos da ira. Se, quando éramos inimigos de Deus, fomos reconciliados com ele pela morte de seu Filho, quanto mais agora, estando já reconciliados, seremos salvos por sua vida!" (Rm 5,8-10)

Meditação: A prova de que Deus nos ama é a sua entrega total por nós. Cristo nos remiu "não com sangue dos bodes ou bezerros" – exclama S. Paulo na Epístola aos Hebreus (cf. Hb 9,11-15) – "mas com o seu próprio sangue". Quando compreendemos a grandiosidade do Sangue de Jesus, percebemos que o preço foi altíssimo para que fôssemos salvos e podemos entender quem somos para Deus. O preço que foi pago por sua vida, por minha vida, foi alto! Que o Sangue de Jesus cure toda nossa autorrejeição, desvalorização, inferioridade e desamor. Somos justificados por esse Sangue.

Oração: Jesus, lava toda a minha história com Teu Sangue. Eu te dou livre acesso, Senhor, para que entres e me cures de todo olhar negativo que tenho de mim mesmo(a). Cura toda a minha história, e que o Teu Sangue passe por todas as fases de minha vida e retire todos os pensamentos de desvalorização de minha vida. Cura, Senhor, o meu olhar para mim mesmo(a), apague todas as palavras negativas que já lancei sobre mim ou sobre alguma parte de meu corpo da qual eu não gostava. Cura minha mente e meu físico e que todo o meu ser seja restaurado pelo Teu Sangue. Obrigado(a), Jesus.

DÉCIMO DIA DA GOTA DO SANGUE DE JESUS

"Penetrando no Teu interior, vejo que o amor, que atormenta mais do que as próprias penas, falas com voz forte e comovedora, como Deus que és, elevas os olhos agonizantes ao Céu e exclamas: 'Pai, perdoa-lhes, pois eles não sabem o que fazem!' E, de novo, recolhe-te no silêncio, imerso em dores inauditas, Jesus crucificado, é possível tanto amor? Ah, depois de tantos sofrimentos e insulto, a primeira palavra é o perdão, e nos desculpas diante do Pai por tantos pecados! Ah! Fazes com que esta palavra chegue a cada coração depois da culpa, e és o primeiro a oferecer o perdão. Mas quantos a rejeitam e não aceitam. Então, o Teu amor delira porque, com ansiedade queres conceder a todos o perdão e o beijo da paz! (Serva Luísa Piccarreta, *As vinte e quatro horas da Paixão de Nosso Senhor Jesus Cristo*)

> **Meditação:** Hoje vamos meditar sobre este escrito de Luísa Piccarreta. A Serva de Deus Luísa Piccarreta nasceu na cidade de Corato, na Província de Bari, Itália, na manhã de 23 de abril de 1865, Domingo *In Albis* (atual Domingo da Festa da Divina Misericórdia) e no mesmo dia foi batizada; viveu sempre lá e morreu em conceito de santidade em 4 de março de 1947. A vida de Luísa Piccarreta é de uma mística profunda e, ao mesmo tempo, simples. As revelações que o próprio Jesus fez para ela levam-nos a um novo experimento da presença de Jesus.

> **Oração:** Jesus, lava-me com Teu Sangue de amor neste dia. Que esse amor se derrame sobre mim e sobre meus familiares. Perdoa nossas culpas, nossas

indiferenças ao Teu grande amor. Ah, se entendesse e me permitisse experimentar Teu grande amor por mim, muitas curas já teriam acontecido em minha vida. Em Tua grande misericórdia, perdoa-me e ajuda-me para que eu não ofereça mais barreiras ao Teu amor. Obrigado(a) por todo o Teu Sangue derramado por mim, por Teu olhar misericordioso sobre mim. Sinto Teu Sangue se derramar sobre mim, sinto-me protegida e guardada em Tuas Chagas. Obrigado(a), Jesus.

DÉCIMO PRIMEIRO DIA DA GOTA DO SANGUE DE JESUS

"Pois se o sangue de carneiros e de touros e a cinza de uma vaca, com que se aspergem os impuros, santificam e purificam pelo menos os corpos, quanto mais o sangue de Cristo, que pelo Espírito eterno se ofereceu como vítima sem mácula a Deus, purificará a nossa consciência das obras mortas para o serviço do Deus vivo?" (Hb 9,13-14)

Meditação: "A carne do Senhor salva nosso corpo e seu Sangue salva nossa alma." (Santo Tomás de Aquino). Se o sangue de animais era usado para purificar, quanto mais o Sangue de Cristo. Ele tem o poder de salvar nosso corpo e nossa alma, Ele tem o poder de nos purificar de todo mal. Uma única gota do Sangue de Jesus é suficiente para salvar o mundo todo.

Oração: Não vejo, como Tomé, as vossas chagas.
Entretanto, vos confesso, meu Senhor e meu Deus,
Faça que eu sempre creia mais em Vós,
Em vós espere e vos ame.
Ó memorial da morte do Senhor,
Pão vivo que dá vida aos homens,
Faça que minha alma viva de Vós,
E que a ela seja sempre doce este saber.
Senhor Jesus, bondoso pelicano,
Lava-me, eu que sou imundo, em Teu Sangue,
Pois que uma única gota faz salvar
Todo o mundo e apagar todo pecado.
Ó Jesus, que velado agora vejo,
Peço que se realize aquilo que tanto desejo,
Que eu veja claramente vossa face revelada,
Que eu seja feliz contemplando a vossa glória. Amém.

Trecho da Oração *Adoro te Devote* de Santo Tomás de Aquino

DÉCIMO SEGUNDO DIA DA GOTA DO SANGUE DE JESUS

"Do lado de Cristo brotou água para lavar e sangue para redimir." (Papa Pio XII)

Meditação: "O mistério da redenção é um mistério de amor misericordioso da augusta Trindade e do divino Redentor para com a humanidade inteira, visto que, sendo esta totalmente incapaz de oferecer a Deus uma satisfação condigna pelos seus próprios delitos, mediante a imperscrutável riqueza de méritos que nos ganhou com a efusão do seu precioso sangue, Cristo pode restabelecer e aperfeiçoar aquele pacto de amizade entre Deus e os homens violado pela primeira vez no paraíso terrestre por culpa de Adão e depois, inúmeras vezes, pela infidelidade do povo escolhido. Do lado de Cristo brotou água para lavar e sangue para redimir." (Papa Pio XII)

Oração: Jesus, lava-me com Teu Sangue! Esse é o clamor neste dia, Senhor. Quero voltar a ser íntimo(a) do Teu coração e reconhecer nele o lugar mais seguro e sagrado que possa existir, quero que pelo poder do Teu Sangue minha amizade contigo seja restabelecida e eu volte ao lugar de intimidade que foi adquirido pelo derramamento de Teu Preciosíssimo Sangue. Perdão, Senhor, por ter deixado meu coração se esfriar e perder a chama do Teu grande amor, revelado em cada gota derramada para que eu tivesse vida e vida em abundância. Eu quero fazer jus ao Teu Sangue derramado por amor a mim, quero honrar cada gota desse remédio salutar. Que a Tua misericórdia me alcance hoje e sempre.

DÉCIMO TERCEIRO DIA DA GOTA DO SANGUE DE JESUS

"Alma de Cristo, santificai-me. Corpo de Cristo, salvai-me. Sangue de Cristo, inebriai-me..." (Santo Inácio de Loyola)

Meditação: O primeiro sentido do inebriar-se com o Sangue do Senhor é um estado de alegria que vivifica a alma, diz Santo Inácio. Que a alegria seja o fruto de um experimento com o Sangue de Jesus. A vida cristã não precisa ser vivida como um peso, um fardo, ao contrário, precisa resplandecer a gratidão de termos sido resgatados da morte. O Sangue do Senhor é capaz de inebriar nossa alma da alegria de fazer a vontade de Deus, a alegria de quem encontrou o tesouro, a pérola preciosa (cf. Mt 13,44-46). O Sangue de Jesus faz a alma do que crê resplandecer a Glória de Deus.

Oração de Santo Inácio de Loyola
Alma de Cristo, santificai-me.
Corpo de Cristo, salvai-me.
Sangue de Cristo, inebriai-me.
Água do lado de Cristo, lavai-me
Paixão de Cristo, confortai-me.
Ó bom Jesus, ouvi-me.
Dentro das Vossas chagas, escondei-me.
Não permitais que eu me separe de Vós.
Do inimigo maligno defendei-me.
Na hora da minha morte, chamai-me.
Mandai-me ir para Vós,
Para que Vos louve com os Vossos Santos
Pelos séculos dos séculos. Amém.

DÉCIMO QUARTO DIA DA GOTA DO SANGUE DE JESUS

"Mas agora, no Cristo Jesus, vós que outrora estáveis longe ficastes perto, graças ao sangue de Cristo." (Ef 2,13)

Meditação: Ao grito pelo Sangue derramado, que se eleva de tantos lugares da terra, Deus responde com o Sangue de seu Filho, que entregou sua vida por nós. Cristo não respondeu ao mal com o mal, mas com o bem, com seu amor infinito. O Sangue de Cristo é a prenda do amor fiel de Deus pela humanidade. Olhando as Chagas do Crucificado, todo homem, ainda em condições de extrema miséria moral, pode dizer: Deus não me abandonou, me ama, deu a vida por mim; e assim voltar a encontrar a esperança. A Virgem Maria, sob a cruz, junto com o apóstolo João, recolheu o testamento do sangue de Jesus, nos ajude a redescobrir a inestimável riqueza desta graça, a sentir para com ela íntima e perene gratidão. (Intervenção do Papa Bento XVI, durante a oração do Ângelus, com os peregrinos congregados na Praça São Pedro)

Oração: Senhor Jesus, olhando a Tua cruz, eu reconheço quanto fui amado(a); não houve amor maior do que o Teu por mim, por isso, hoje, quero recolher cada gota do Teu Sangue derramada por amor a mim, acolher a Tua misericórdia em cada uma das gotas que jorraram do Teu coração aberto. Agradecido(a), eu declaro que sou rico(a) pela Tua riqueza, que sou salvo(a) pela Tua salvação, que sou amado(a) por Tua entrega total. A partir de hoje, não serei mais o(a) mesmo(a) cristão(ã), pois eu tomo posse do testamento deixado na cruz.

DÉCIMO QUINTO DIA DA GOTA DO SANGUE DE JESUS

"Entrando em agonia, Jesus orava com mais insistência. Seu suor tornou-se como gotas de sangue que caíam no chão."
(Lc 22,44)

Meditação: Meditamos hoje nesta palavra de São Alberto Magno: "Em vós deposito a minha confiança, ó adorável Sangue, nosso preço e nosso banho. Caí gota a gota, suavemente, nos corações transviados e abrandai a sua dureza. Limpai, ó Sangue adorável de Jesus, limpai as nossas manchas, salvai-nos da ira do anjo exterminador. Regai a Igreja: fecundai-a de taumaturgos e de apóstolos, enriquecei-a de almas santas, puras e radiantes de beleza divina".

Oração: Jesus, neste dia eu peço que caia sobre mim uma gota do Teu Sangue. Muda meu coração pelo poder de Teu Sangue derramado, arranca toda dureza e todas as marcas que me fizeram mudar meu jeito de ser, tornando-me uma pessoa deformada da imagem em que fui criada. Limpa, Jesus, toda a minha história com Teu Sangue. Que cada gota do Teu Sangue cure um momento de minha vida, desde minha gestação até hoje. Deposito em Ti minha confiança, meu Senhor e meu Deus.

DÉCIMO SEXTO DIA DA GOTA DO SANGUE DE JESUS

"Queres conhecer mais profundamente o poder desse Sangue? Repara de onde começou a correr e de que fonte brotou. Começou a brotar da própria Cruz, e a sua origem foi o lado do Senhor." (São João Crisóstomo)

Meditação: São João Crisóstomo diz que, depois de termos comungado, saímos daquela mesa quais leões expirando chamas, tornados terríveis ao demônio, pensando em quem é o nosso Chefe e quanto amor teve por nós. Esse Sangue, se dignamente recebido, afasta os demônios, chama para junto de nós os anjos e o próprio Senhor dos anjos... Esse Sangue derramado purifica o mundo todo.

Oração: Senhor Jesus, o Teu Sangue me reveste, fortalece e me prepara para as batalhas cotidianas. Sei que sou revestido(a) pelo Teu Sangue em cada Eucaristia e creio que todo mal bate em retirada pela ação do Teu Sangue em minha vida. Comprometo-me a partir de hoje receber o Teu Sangue na Eucaristia com plena consciência de que sou vitorioso(a) e forte contra toda luta do maligno.

DÉCIMO SÉTIMO DIA DA GOTA DO SANGUE DE JESUS

"Mas agora, no Cristo Jesus, vós que outrora estáveis longe ficastes perto, graças ao sangue de Cristo." (Ef 2,13)

Meditação: O Senhor disse à Irmã Maria Marta Chambon: "Obtereis tudo, porque o mérito de meu Sangue é de um preço infinito. Com meu Coração e minhas Chagas podeis conseguir tudo. Este Rosário de Misericórdia faz contrapeso à Minha justiça. A cada palavra Eu deixo cair uma gota de Meu Sangue, sobre a alma de um pecador. Pai eterno, eu vos ofereço as Chagas de nosso senhor Jesus Cristo, para curar as de nossas almas".

Oração: Senhor Jesus, esconde-me dentro de Tuas Chagas e alcança-me todas as minhas necessidades mais profundas. Eu confio em Ti e em Tua misericórdia, confio que por Tuas Chagas tudo é possível, pois para aquele que crê no poder do Teu Sangue nada é impossível. Eu coloco diante de Ti, neste dia, tudo aquilo que para mim é impossível, deposito diante de Ti, dentro de Tuas Chagas, estas necessidades e creio que a cada necessidade aqui apresentada uma gota do Teu Sangue está sendo derramada. Obrigado(a), Jesus, por me trazer para perto de Ti, por me resgatar e me atrair. Obrigado(a) Jesus.

DÉCIMO OITAVO DIA DA GOTA DO SANGUE DE JESUS

"Eles venceram o Dragão pelo sangue do Cordeiro e pela palavra do seu próprio testemunho, pois não se apegaram à vida: até deixaram-se matar." (Ap 12,11)

Meditação: O Sangue de Jesus conquista a vitória para nós. Você pode declarar que, com o Sangue de Jesus, é vitorioso(a). Todo mal é derrotado pelo poder do Sangue de Jesus, pelo cordeiro imolado, o qual é "digno de receber o poder e a riqueza, a sabedoria e a força, a honra, *a glória e o louvor*" (Ap 5,12). Adoramos as Chagas e o Sangue do Cordeiro em que há vitória sobre todo o poder do inimigo.

Oração: Louvo as Chagas e o Sangue do Cordeiro, que curam as fraquezas do meu corpo.
Louvo as Chagas e o Sangue do Cordeiro, que curam as fraquezas da minha alma.
Louvo as Chagas e o Sangue do Cordeiro, que curam as fraquezas do meu espírito.
Adoração ao Cordeiro de Deus, que derramou Seu Sangue por nós em agonia.
No Seu Sangue há poder para perdoar.
No Seu Sangue há poder para purificar.
No Seu Sangue há poder para salvar.
No Seu Sangue há poder para libertar.
No Seu Sangue há poder para vencer.
No Seu Sangue há poder para renovar.
No Seu Sangue há poder para proteger.
Para aquele que crê no poder do Sangue de Jesus, nada é impossível.

Louvo o Sangue do Cordeiro, que cobre todos os meus pecados, para que não mais sejam vistos.

Louvo o Sangue do Cordeiro, que me purifica de todos os meus pecados e me torna alvo como a neve.

Louvo o Sangue do Cordeiro, que tem o poder de me libertar de todas as minhas correntes e da escravidão do pecado.

Louvo o Sangue do Cordeiro, que é mais forte que meu próprio sangue, infestado de pecado, e que me transforma à imagem de Deus.

Louvo o Sangue do Cordeiro, em que há vitória sobre todos os poderes que querem me oprimir, sobre todo o poder do inimigo.

Louvo o Sangue do Cordeiro, que me protege das astutas investidas do inimigo.

Louvo o Sangue do Cordeiro, que me prepara as vestes nupciais.

Louvo o Sangue do Cordeiro, que faz novas todas as coisas.

Aleluia! Amém.

DÉCIMO NONO DIA DA GOTA DO SANGUE DE JESUS

"Também dei à humanidade o conforto de uma esperança. Ao dar valor ao preço do sangue com que foi remido, o homem sente uma firme esperança e grande certeza de salvação." (Santa Catarina de Sena)

Meditação: "Ó meu pobre pai, como tua alma e a minha estariam felizes se, com teu próprio sangue, tivesses cimentado uma pedra a mais nos muros da Igreja! Choremos, pensando que por nossa falta de coragem deixamos de merecer tamanho bem. E agora, deixemos os nossos dentes de leite; e exercitemos os de adultos: os fortes dentes do ódio e do amor. Revistamo-nos com a couraça da Caridade e empunhemos o escudo da santa Fé. Como homens feitos, corramos ao combate, e aguentemos os golpes, firmes com uma cruz ao peito, e uma cruz às costas... E para que Deus nos conceda esta graça, a ti, a mim, aos outros, comecemos desde já a oferecer-lhe nossas lágrimas, e nosso desejo muito doce, mas muito amargo por causa de nossas falhas que nos privaram de tão grande bem. Eia, pois, filho, afoga-te no sangue do Cristo crucificado; banha-te no sangue; sacia-te no sangue; inebria-te no sangue; protege-te, alegra-te e chora por ti mesmo, no sangue; cresce e fortifica-te, no sangue; deixa a tua tibieza e tua cegueira no sangue do Cordeiro imolado; e iluminado enfim, corre, corre, meu viril cavalheiro, no encalço da honra de Deus, do bem da Igreja, e da salvação das almas — no sangue." (Eis o que disse ela por carta a Fr. Raimundo Cápua)

Oração de Santa Catarina de Sena ao Precioso Sangue de Cristo

Preciosíssimo Sangue, oceano da divina misericórdia: Derramai-vos sobre nós!

Preciosíssimo Sangue, a mais pura oferenda: Derramai-vos sobre nós e obtenha-nos toda a graça!

Preciosíssimo Sangue, auxílio e refúgio dos pecadores: Purificai-nos!

Preciosíssimo Sangue, delícia das almas santas: Guiai-nos! Amém!

VIGÉSIMO DIA DA GOTA DO SANGUE DE JESUS

"De fato, fostes comprado, e por um preço muito alto! Então glorificai a Deus no vosso corpo." (1Cor 6,20)

Meditação: Alguém pagou alto preço pelo nosso resgate; glorifiquemos, portanto, a Deus em nosso corpo. Quando contemplamos a entrega de Jesus e o seu Sangue derramado, entendemos o grande amor que teve para conosco. Estamos tendo esse amor e respeito conosco? Estamos glorificando a Deus com nosso corpo? Com nossa maneira de viver? Nós recebemos nossa vida, uma segunda chance de viver de forma livre, santa e feliz a nossa Vida. Ele conquistou para nós essa libertação. Que todo nosso ser glorifique e honre essa entrega de amor por nós.

Oração: Cristo Jesus, Cordeiro de Deus, que nos salvou com Teu Sangue, Te adoramos, Te bendizemos! Adoramos-te! Damos-te graças! E Te pedimos a salvação de todos nós que fomos lavados em Teu Sangue Sagrado. Eu Te peço também perdão pelas vezes que não valorizei minha vida, meu corpo e não me empenhei em responder com uma vida grata o resgate que Teu Sangue me trouxe. Tende piedade de mim, Senhor. Perdão por todo desrespeito ao meu corpo, aos dons que recebi e não coloquei em prática, perdão por até hoje não ter vivido uma vida digna de um Filho de Deus resgatado. Mas hoje quero declarar que Teu Sangue me resgatou e que tomo consciência de que fui resgatado(a) da vida fútil herdada de meus pais, não por coisas perecíveis, como a prata e o ouro, mas pelo precioso Sangue de Cristo (cf. 1Pd 1,18-19). Obrigado(a), Jesus.

VIGÉSIMO PRIMEIRO DIA DA GOTA DO SANGUE DE JESUS

Banhai-vos no Sangue, mergulhai no Sangue, revesti-vos do Sangue de Cristo." (Santa Catarina de Sena)

Meditação: "Banhai-vos no Sangue, mergulhai no Sangue, revesti-vos do Sangue de Cristo", este era o grito incessante de Santa Catarina de Sena. Esse foi um dos pontos de meditação assídua de Santa Catarina de Sena. Esse foi o grito incessante desta santa extraordinária: "Banhai-vos no Sangue, mergulhai no Sangue, revesti-vos do Sangue de Cristo!"... "A alma que se inebria e se submerge no Sangue de Cristo, veste-se de verdadeiras e reais virtudes."

Oração: "Ó Jesus, dulcíssimo amor, para fortalecerdes a minha alma e a libertardes da fraqueza em que havia caído pelo pecado, cercaste-a com um muro tendo amassado a cal com a abundância do Vosso Sangue, deste Sangue que une e confirma a alma na doce vontade e caridade de Deus! E como para unir as pedras se põe cal amassada com água, assim Vós, meu Deus, pusestes, entre Vós e as criaturas o Sangue do Vosso Unigênito Filho, amassado com a cal viva do fogo duma ardentíssima caridade; por isso não há Sangue sem fogo nem fogo sem Sangue. O Vosso Sangue, ó Cristo, foi derramado com o fogo do amor." (Santa Catarina de Sena)

VIGÉSIMO SEGUNDO DIA DA GOTA DO SANGUE DE JESUS

"Abraça, portanto, Jesus Crucificado elevando a ele o olhar do teu desejo! Toma em consideração o seu amor ardente por ti, que levou Jesus a derramar sangue de todas as partes do seu corpo! Abraça Jesus Crucificado, amante e amado e nele encontrarás a verdadeira vida, porque ele é Deus que se fez homem. Que o teu coração e a tua alma ardam pelo fogo do amor do qual foi coberto Jesus cravado na cruz!" (Santa Catarina de Sena)

Meditação: Santa Catarina de Sena foi uma mulher apaixonada por Jesus e devota de seu Sangue. Estava convencida de que Jesus nos salvou pelo seu Sangue, que temos um advogado junto do Pai, Jesus Cristo justo, vítima de expiação pelos nossos pecados: "o sangue do seu Filho Jesus purifica-nos de todo o pecado" (1Jo 1,8). Catarina tinha uma grande devoção ao Sangue de Cristo e falava dele muito frequentemente: fogo e sangue, fogo e sangue... Fogo do amor, alusão ao Sangue de Cristo, que nos cobre para nos lavar de nossos pecados e nos unir na caridade divina.

Oração: Jesus, eu elevo os meus olhos a Ti e contemplo Tua cruz, Tuas chagas. Quero neste dia abraçar-Te e ser curado(a) no Teu amor ardente por mim. Quero experimentar Teu amor, como Santa Catarina, pois quem possui o amor de Deus nele encontra tanta alegria que cada amargura se transforma em doçura e cada grande peso se torna leve. Quero suplicar, pelas graças de Teu Sangue derramado, que minha alma possa ser inflamada pelo fogo do Teu amor e que eu viva glorificando e honrando Tua entrega de amor por mim.

VIGÉSIMO TERCEIRO DIA DA GOTA DO SANGUE DE JESUS

"Depois disso, sabendo Jesus que tudo estava consumado, e para que se cumprisse a Escritura até o fim, disse: 'Tenho sede!'" (Jo 19,28)

Meditação: "O amor com que arde teu coração seca-te e queima-te totalmente. Tu, não conseguindo contê-lo, sentes com vigor o tormento, não só da sede corporal, devido ao derramamento de todo o Teu sangue, mas muito mais da ardente sede da salvação das nossas almas. Como água, desejarias beber-nos para nos salvar a todos dentro de Ti e, por isso, reunindo todas as tuas forças, bradas: 'Tenho sede!'. Ah, estas palavras! Tu as repetes a todos os corações: Tenho sede da tua vontade, dos teus afetos, dos teus desejos e do teu amor; não podes dar-Me uma água mais fresca e doce do que tua alma. Por favor, não Me deixes queimar. Tenho sede ardente, por isso, sinto que não só Me ardem a língua e a garganta, a tal ponto que já não consigo articular sequer uma palavra, mas sinto que ressecam também Meu coração e as Minhas vísceras. Tem piedade da Minha sede!" (Luísa Piccarreta)

Oração: Jesus, lava-me com Teu Sangue neste dia. Ao ouvir o clamor de Teu coração de que tem Sede de minha alma, meu coração estremece e se inquieta. Que Teu grito possa romper minha surdez, como desejou Santo Agostinho, quero ouvir Tua voz, quero sentir Teu amor, quero responder a Teu chamado. Jesus, sempre fizeste de todas as formas para me mostrar que estavas comigo e davas reinos por mim (cf. Is 43,4). Tu te rebaixaste para ficar comigo, para caminhar ao meu lado, entregaste a Ti mesmo e morreste para que eu pudesse ter vida. Tua sede de me encontrar, Teu amor insistente e forte me vence e me seduz. Que meu coração seja inflamado do Teu amor, pelo poder do Teu Sangue neste dia.

VIGÉSIMO QUARTO DIA DA GOTA DO SANGUE DE JESUS

"Uma só gota pode salvar o mundo inteiro de qualquer culpa" (Hino *Adoro Te Devote*).

Meditação: "Ó meu Jesus, o que é que o amor pode fazer? O amor é vida. Ó meu Jesus, mesmo depois de morto desejas mostrar-me que me amas, atestar-me o Teu amor e dar-me refúgio, reservando-me abrigo no Teu sagrado Coração. Por isso, impelido por uma força suprema e para ter certeza de Tua morte, um soldado trespassa o Teu Coração com uma lança, abrindo em Ti uma ferida profunda. E Tu, meu amor, derramas as últimas gotas de sangue e água, contidas em Teu ardente Coração." (Luísa Piccarreta)

Oração: Jesus, lava-me com Teu Sangue. Jesus, Teu Sangue é Vida e, por isso, neste dia peço que te derrames sobre mim e que Tu me dês nova vida. Coloca-me dentro de Teu coração chagado e refuga-me em ti. Sou necessitado de Tua graça, sou necessitado de Teu amor. Preciso de ti. Eu quero todas as graças de Teu sacrifício, de Tua entrega, de cada gota de Sangue derramada. Obrigado(a), Jesus, por todo amor, por toda predileção que tens por mim. Eu sinto Teu Sangue se derramando e me purificando de tudo que me impedia de experimentar Teu amor.

VIGÉSIMO QUINTO DIA DA GOTA DO SANGUE DE JESUS

"O Sangue de Cristo é a prova evidente do amor do Pai celeste por todos os homens, sem excluir ninguém." (João Paulo II, *Angelus Domini* – Domingo, 1º de julho de 2001)

Meditação: O mistério do Sangue de Cristo é grandioso! Desde os primórdios do cristianismo, ele atraiu a mente e o coração de inúmeros cristãos e nos convidou a contemplá-lo e a adorá-lo na humanidade santíssima assumida no seio de Maria e unida, de maneira hipostática, à Pessoa Divina do Verbo. Se o Sangue de Cristo é preciosa fonte de salvação para o mundo, isso deriva precisamente da sua pertença ao Verbo que se fez carne para a nossa salvação. (cf. São João Paulo II)

Oração: Eu Te adoro, Senhor Jesus, adoro Teu Sangue derramado por mim. Eu Te adoro por todo o amor que tens por mim. Eu Te adoro, Jesus, pela Tua entrega e por não desistires de mim. Rezo como Santa Teresa D'Ávila: Tu me atraíste, Tu me redimiste, Tu me resgataste, Tu me suportaste, Tu me chamaste, Tu me esperaste. Obrigado(a), Senhor, por todo Teu resgate em minha vida.

VIGÉSIMO SEXTO DIA DA GOTA DO SANGUE DE JESUS

"Nisto temos conhecido o amor: Jesus, que deu sua vida por nós. Também nós outros devemos dar a nossa vida pelos nossos irmãos." I Jo 3,16

Meditação: O Sangue de Jesus, explicou o Papa Francisco, é o sinal mais eloquente para manifestar o amor supremo da vida entregue aos outros. Essa doação repete-se em todas as celebrações Eucarísticas, como nova e eterna Aliança, derramada por todos em remissão dos pecados: "A meditação do sacrifício de Cristo nos leva a fazer obras de misericórdia, dando a nossa vida por Deus e pelos irmãos. A meditação do mistério do Sangue de Cristo, derramado na cruz pela nossa salvação, nos conduz aos sofredores, excluídos pela sociedade consumista e indiferente. Nesta perspectiva, reveste-se de importância o serviço que vocês prestam à Igreja e à Sociedade". (https://www.vaticannews.va/pt/papa/news/2018-06/papa-francisco-audiencia-familia-preciosissimo-sangur.html)

Oração: Quero hoje, agradecido(a), manifestar Teu amor por mim, amando aqueles que Tu colocas ao meu lado. Senhor, são tantas as batalhas que enfrento dentro de mim para poder amar como Tu me amaste, por isso hoje eu Te suplico, ajuda-me a vencer todo egoísmo que me impede de amar como Tu me amaste, ajuda-me a vencer toda paralisia que me impede de agir como uma pessoa redimida no Teu Sangue e apta a amar com um amor muito maior.

VIGÉSIMO SÉTIMO DIA DA GOTA DO SANGUE DE JESUS

"Antes da Festa da Páscoa, sabendo Jesus que tinha chegado a sua hora, hora de passar deste mundo para o Pai, tendo amado os seus que estavam no mundo, amou-os até o fim" (Jo 13,1)

Meditação: "Amou-os até o fim" é o mesmo que dizer: Ele nos amou até seu último extremo, deu seu sangue para nos resgatar por amor. Ser inebriada por esse amor nos cura de todos os desamores vividos ao longo da vida e nos possibilita amar. Só é capaz de amar aquele que por primeiro foi amado. "Aquele que não ama não conhece a Deus, porque Deus é amor" (1 Jo 4,8). A marca do verdadeiro Cristão é amar como Jesus amou, é na sua capacidade de amar que o Homem se assemelha mais a Deus, que por isso nos deu esta ordem: "Amar a Deus de todo coração, com toda a mente e com toda a força, e amar ao próximo como a si mesmo, isto supera todos os holocaustos e sacrifícios." (Mc12,33)

Oração: Senhor, eu quero ser totalmente inebriado(a) por Teu amor. Cura-me de todas as experiências negativas que ao longo da vida foram me fazendo desacreditar no amor. Lava toda a minha história no Teu sangue e me ajuda a perdoar todas as pessoas que me feriram, que feriram minha confiança. Eu me abro para perdoar e quero quebrar todo voto secreto, em nome de Jesus, que eu possa ter feito de me fechar em meus afetos, de não amar mais e de não confiar. Quero perdoar, neste momento, a cada uma dessas pessoas pelo poder do Sangue de Jesus e me libertar de todo mal. Eu te perdoo (*dizer o nome da pessoa que te feriu*) pelo poder do Sangue de Jesus e me liberto de toda lembrança passada que me atormentava até hoje e me desligo dessa dor, em nome de Jesus. Eu me autorizo voltar a amar, pois o Senhor me amou e me curou. Obrigado(a), Jesus.

VIGÉSIMO OITAVO DIA DA GOTA DO SANGUE DE JESUS

"Aquele que nos ama, que por seu sangue nos libertou dos nossos pecados e que fez de nós um reino de sacerdotes para seu Deus e Pai, a ele a glória e o poder, pelos séculos dos séculos. Amém." (Ap 1,5-6)

Meditação: Mas do lado de Jesus, depois do golpe da lança do soldado, não sai somente água, mas também sangue (Jo 19,34; cf. 1Jo 5,6.8). Jesus não somente falou, nem nos deixou apenas palavras. Ele doa a si mesmo. Lava-nos com o poder sagrado de seu Sangue, isto é, com o seu doar-se "até o fim", até a Cruz. Sua palavra é mais que um simples falar; é carne e sangue "para a vida do homem" (Jo 6,51). Nos Santos Sacramentos, o Senhor novamente se ajoelha diante de nossos pés e nos purifica. Peçamos a ele que do banho sagrado de seu amor sejamos sempre mais profundamente penetrados e assim verdadeiramente purificados! (Cf. Papa Bento XVI)

Oração: Senhor, não quero multiplicar palavras na oração e na vida, quero doar a mim mesmo(a) como fizeste, doar meus dons a serviço daqueles que estão ao meu lado, doar meu sorriso aos que estão entristecidos, doar esperança àqueles que já não têm sentido de vida. Quero aprender do Teu coração um novo jeito de amar, quero praticar o desapego de mim mesmo(a) para viver a gratuidade do amor incondicional. Obrigado(a), Jesus.

VIGÉSIMO NONO DIA DA GOTA DO SANGUE DE JESUS

"Por isso também Jesus sofreu do lado de fora da porta, para, com seu sangue, santificar o povo." (Hb 13,12)

Meditação: O Papa Bento XVI nos fala que, pela encarnação de Jesus, pelo seu Sangue derramado, fomos atraídos para dentro de uma consanguinidade muito real com Jesus e, consequentemente, com o próprio Deus. O Sangue de Jesus é o seu amor, no qual a vida divina e a humana se tornaram uma só.

Oração: Senhor Jesus, eu quero ser íntimo(a) de Ti e conhecer a fonte de onde brotou a entrega de amor na cruz. Quero ser como Verônica e enxugar o Teu rosto com meus atos de amor. Quero poder me saciar do Sangue, que é o único capaz de me devolver a possibilidade de viver no paraíso celeste. Banha-me em Teu coração transpassado para que eu viva cada dia de minha vida desejando o céu acima de todos os outros desejos terrestres. Dá-me a graça de viver a Santidade e a fidelidade a Ti.

TRIGÉSIMO DIA DA GOTA DO SANGUE DE JESUS

"Cuidai de vós mesmos e de todo o rebanho sobre o qual o Espírito Santo vos estabeleceu como guardiães, como pastores da Igreja de Deus que ele adquiriu com o seu sangue." (At 20,28)

Meditação: "Desde os primórdios do Cristianismo, o mistério do amor do Sangue de Cristo fascinou muitas pessoas, incluindo seus santos Fundadores e Fundadoras. Eles cultivaram esta devoção colocando-a como base das suas Constituições, porque entenderam, com a luz da fé, que o Sangue do Redentor é fonte de salvação para o mundo." (Papa Francisco)

Oração: Ó fonte inesgotável de amor, sacia-me para que eu seja capaz de ir até o fim na luta pela santidade. Quero, com o auxílio de Tua graça, ser fortalecido(a) para completar minha carreira e receber a coroa da justiça, que o justo juiz me dará em sua glória. Fortalece-me pelo Teu Sangue para que eu adquira resistência para lutar até o fim pelo céu. Obrigado(a), Senhor, por me fazer compreender que os Teus amigos venceram o dragão pelo sangue e pelo testemunho, e eu me determino a vencer pelo poder do Teu Sangue.

TRIGÉSIMO PRIMEIRO DIA DA GOTA DO SANGUE DE JESUS

"Vós vos aproximastes de Deus, o juiz de todos; dos espíritos dos justos, que chegaram à perfeição; de Jesus, o mediador da nova aliança, e da aspersão com um sangue mais eloquente que o de Abel." (Hb 12,23-24)

Meditação: "O seu sangue, o amor daquele que é, ao mesmo tempo, Filho de Deus e verdadeiro homem, um de nós, esse sangue pode salvar. O seu amor, esse amor em que Ele se dá livremente por nós, é isso que nos salva." (Papa Bento XVI)

Oração: Neste último dia do mês, dedicado ao Teu Precioso Sangue, posso declarar que Teu amor venceu em mim. O amor de Tua entrega me conquistou, Tua vida foi entregue por mim. E cada gota derramada me conquistou, me atraiu para perto de Ti. Hoje sinto a vida fluindo em mim pela renovação que Teu Sangue me trouxe. Sou grato(a) por ter trilhado esse caminho de me reconquistar e refazer Tua aliança comigo. Teu Sangue traz conforto para minha alma, e sinto que estou seguro(a) em Ti. Obrigado(a), Jesus.

SANGUE DE JESUS (MÚSICA)

(CD *Intimidade*)

Ao contemplar-te, Jesus, vejo Teu Sangue escorrer,
Derramado por mim, numa cruz.
Contemplo a flagelação, a Tua coroação,
As Tuas quedas por amor a mim.

Tua vida entregue por mim,
O Teu Sangue derramado por mim,
Para a vida me devolver
E como filha poder viver,

Sangue de Jesus, lava-me.
Oh, Sangue de Jesus, purifica-me.
Eu sou vitoriosa pelo Sangue de Jesus.
Eu sou vitoriosa pela Tua cruz.
Sangue de Jesus, cura-me.
Oh, Sangue de Jesus, liberta-me.
Eu sou vitoriosa pelo Sangue de Jesus.
Eu sou vitoriosa pela Tua cruz.

7

OUTRAS ORAÇÕES AO PRECIOSO SANGUE DE JESUS

VIA-SACRA DO SANGUE DE JESUS
(Devocionário Popular)

Oração preparatória: Aproximamo-nos hoje de Ti, Jesus, nesta Via-Sacra e queremos colocar os nossos pés nos vestígios ensanguentados dos Teus passos, para que o Teu Sangue os purifique e torne o nosso caminhar um caminhar na Tua Via-Santa, via de dor que o Teu Sangue marcou. Nós Te oferecemos, nesta Via-Sacra, o sangue do nosso coração, que jorra do esforço diário no cumprimento do dever, das humilhações e outras dores, físicas ou morais, que tivemos de sofrer, e da caridade que queremos derramar sobre os nossos irmãos. Mostra-nos, nesta Via-Sacra, as marcas que o Teu Sangue nos deixou, para que, seguindo-as, Te sigamos e sejamos como Tu, obedientes até a morte de cruz.

1ª ESTAÇÃO:
JESUS É CONDENADO À MORTE.

Canto: A morrer crucificado, Teu Jesus é condenado por teus crimes, pecador. Nós vos adoramos e bendizemos, ó Jesus! Que pela vossa santa cruz remistes o mundo!

Vinde para junto de mim e de meus filhos, filhos do meu amor na criação e da minha dor na redenção. Vinde para junto de mim e vede o sangue que brota da minha cabeça pelas feridas feitas por esta coroa de dor e de infâmia. Vede, através das minhas roupas, as manchas de sangue nos sítios onde estão coladas à carne pelo sangue coagulado. São manchas largas, porque as feridas são muitas, em muitos lados, umas sobre as outras, formando ferimentos extensos. Todo o corpo me dói. Quando ouço a sentença da condenação, baixo os olhos, aceitando-a com humildade, sem achar que tanto sofrimento, tanta dor, como a que me vinham infligindo, já chegava. Já chegava, efetivamente, mas não tem limites a doação de quem ama sem limites. O meu amor pelo Pai e por vós não tem limites. Por isso, queria dar-me todo ao Pai, em reparação por vós, sem limite algum. Por isso aceitei a condenação, sem culpar ninguém por ela. Se quisesse culpar alguém, teria de culpar a ti, porque Pilatos foi instrumento, como instrumentos são os irmãos que te fazem sofrer e que tu os culpas de tantas coisas. Não houve limites para o meu amor. Não ponhas limites ao teu amor por mim. Neste momento da minha condenação, olhei para ti e, com lágrimas nos olhos, vi os limites que põe à tua doação e todas aquelas vezes em que achas que já chega aquilo que sofreste por mim e te recusas a sofrer mais. Para reparar essa tua falta de generosidade, renovei a minha entrega e a minha aceitação da vontade do Pai.

Pai-Nosso. Ave-Maria. Glória.

Tende piedade de nós, Senhor! Tende piedade de nós! Que as almas dos fiéis defuntos, pela misericórdia de Deus, descansem em paz.

2ª ESTAÇÃO:
JESUS LEVA A SUA CRUZ.

Canto: Com a cruz é carregado, vai sofrendo resignado, vai morrer por teu amor. Nós vos adoramos e bendizemos, ó Jesus! Que pela vossa santa cruz remistes o mundo!

Pego na minha cruz, na cruz que os teus pecados me impõem, os pecados de que já te arrependeste e aqueles em que permaneceste. Pego na cruz a tua falta de caridade, a tua não aceitação daquilo que é incômodo, o teu reclamar contra o que te acontece de desagradável. Pego na cruz os comentários que fazes das tuas conversas inúteis, que te fazem perder tempo e união comigo e te conduzem a perigos vários. Pego na cruz os teus desejos, os desejos que não mortificas, desejos de toda a ordem e de todos os níveis, corporais, mundanos e espirituais. Pego na cruz as tuas imprudências, que abrem a porta às tentações da tua futilidade, dos teus esquecimentos dos compromissos que assumes comigo. Pego na cruz as tuas opiniões, as tuas teimosias, o teu amor próprio, o teu orgulho, as tuas faltas à verdade. Pego na cruz a tua vaidade, a tua aceitação das opiniões do mundo, as tuas modas, os teus luxos, os teus prazeres, as tuas imoralidades, divertimentos e facilidades, que lanças até dentro das igrejas. Pego na cruz as tuas faltas aos mandamentos da minha lei e da lei da minha igreja, de toda a tua contestação à tua autoridade. É uma cruz pesada, esta cruz formada pelos pecados, os que mostras e os que escondes, que procuras esconder até a teus próprios olhos, inventando desculpas sem número para o que fazes, para o que dizes, para o que pensas. É esta a cruz que eu carrego pelo caminho, onde vou deixando, como marcas para ti, as gotas do meu Sangue. Sinta o meu Sangue de amor sendo derramado em ti e por ti. "Tende consciência de que fostes resgatados da vida fútil herdada de vossos pais, não por coisas perecíveis, como ouro ou prata, mas pelo precioso sangue de Cristo, cordeiro sem defeito e sem mancha." (1Pd 1,18-19)

Pai-Nosso. Ave-Maria. Glória.

Tende piedade de nós, Senhor! Tende piedade de nós! Que as almas dos fiéis defuntos, pela misericórdia de Deus, descansem em paz.

3ª ESTAÇÃO:
JESUS CAI PELA PRIMEIRA VEZ.

Canto: Sob o peso desmedido, cai Jesus desfalecido pela tua salvação. Nós vos adoramos e bendizemos, ó Jesus! Que pela vossa santa cruz remistes o mundo!

Uma queda! A minha primeira queda! O peso, o caminhar rápido a que me obrigavam, as pedras, o caminho incerto, cheio de altos e baixos, fizeram-me cair. Ao cair sobre mim, a cruz pesou mais e magoou-me mais. O meu sangue deixou aqui lugar de dor assinalado por uma marca maior. Quando a cruz vos pesa, vos desagrada, e vós a recusais, ela cai por cima de vós e a dor é muito maior. Cair a cruz por cima de vós é a falta de aceitação que tendes daquilo de que não gostais, de que tendes má impressão, talvez más recordações de cruzes anteriores. Mas lembrai-vos de que, mesmo que não gosteis, a cruz não vos é retirada, mas cai sobre vós e, se tentais atirar com ela com desassossego, queixas ou fugas ao dever, é sobre vós, nessa queda que a recusa representa, que ela volta a cair, tantas vezes quantas vezes a recusais. Quanto pesaram sobre mim as vossas recusas da cruz nesta queda! Meus filhos, lembrai-vos da minha dor quando caí e da dor que me provocou a cruz ao cair sobre mim. Lembrai-vos disso quando tiverdes vontade de recusar alguma cruz. Lembrai-vos de que a vossa recusa caiu sobre mim e magoou-me mais do que até aí me havia magoado a cruz. Evitai recusar a cruz novamente e estareis evitando mais dor para mim nesta minha primeira queda.

Pai-Nosso. Ave-Maria. Glória.

Tende piedade de nós, Senhor! Tende piedade de nós! Que as almas dos fiéis defuntos, pela misericórdia de Deus, descansem em paz.

4ª ESTAÇÃO:
JESUS ENCONTRA SUA MÃE.

Canto: Vê a dor da mãe amada, que se encontra desolada com seu filho em aflição. Nós vos adoramos e bendizemos, ó Jesus! Que pela vossa santa cruz remistes o mundo!

Numa altura do caminho, levanto os olhos e vejo minha mãe. Como me doeu a sua aflição, a sua dor, perante o espetáculo do seu filho, todo ensanguentado e maltratado, debaixo daquele madeiro de ignomínia! Mal se divisavam as minhas feições, tão desfigurado ficara com os maus-tratos recebidos, com a sujidade e o sangue que sulcava o meu rosto, e que não deixava de correr das feridas provocadas pelos espinhos da coroa que levava na cabeça. Desejaria esconder a seus olhos este sangue que corre por vós, e a cuja vista a mergulha numa dor sem par para uma criatura. O meu amor pela minha mãe, a mais bela criatura que criei, não me impediu de me apresentar assim diante dela, aumentando o seu sofrimento, porque tal era preciso para vós. Meus filhos, que tão caros me custastes, olhai para mim e para esta mãe dolorosa, e resolvei-vos mudar naqueles pontos em que estais mais agarrados à vossa vontade e às vossas opiniões pessoais.

Pai-Nosso. Ave-Maria. Glória.

Tende piedade de nós, Senhor! Tende piedade de nós! Que as almas dos fiéis defuntos, pela misericórdia de Deus, descansem em paz.

5ª ESTAÇÃO:
JESUS É AJUDADO PELO CIRENEU.

Canto: No caminho do calvário um auxílio necessário, não lhe nega o cireneu. Nós vos adoramos e bendizemos, ó Jesus! Que pela vossa santa cruz remistes o mundo!

Estava tão desfalecido que os meus carrascos procuraram alguém para me ajudar, não porque tivessem pena de mim, mas por receio de que o esforço de levar o peso da cruz me fizesse morrer pelo caminho e já não fosse possível o espetáculo da execução, que seria ainda um acréscimo de dor, de que eles não me queriam poupar. O cireneu, um homem que vinha do campo, cansado do trabalho, desejoso de ir para casa, e que achava que nada tinha a ver com tudo aquilo, foi chamado para ajudar. A Simão, que importava um ou outro condenado? Não estava interessado em espetáculos de sangue. Nada tinha contra mim ou a meu favor. E, no entanto, foi este indiferente que foi chamado à alta missão de levar a minha cruz, missão que os meus amigos desejariam, que a minha própria mãe aceitaria com tanto amor! Nunca me pergunteis os motivos das graças que concedo a cada um, e não tenteis julgá-lo, porque o pensamento de Deus nenhum de vós conhece. Não sabeis quem é melhor ou pior para receber as minhas graças. Normalmente, não escolho para graças mais vistosas aqueles que possuem uma santidade maior, mas aqueles que vejo que mais precisam delas. Acompanhai Simão, seguindo o caminho que deixo assinalado com o meu Sangue. Como ele, aceitai a cruz que vos vem quando menos pensais, quando, já cansados, não vos apetece carregá-la. Prestai atenção! A cruz que vos sobrecarrega, que não vos dá alegria, que parece ser demais, que vem quando já estais cansados de sofrer, essa é a minha cruz! Agarrai-vos bem a ela e sereis abençoados!

Pai-Nosso. Ave-Maria. Glória.

Tende piedade de nós, Senhor! Tende piedade de nós! Que as almas dos fiéis defuntos, pela misericórdia de Deus, descansem em paz.

6ª ESTAÇÃO:
VERÔNICA LIMPA O ROSTO DE JESUS.

Canto: Eis o rosto ensanguentado, por Verônica enxugado, que no pano apareceu. Nós vos adoramos e bendizemos, ó Jesus! Que pela vossa santa cruz remistes o mundo!

O grupo de amigos segue-me. Outros esperam nas ruas onde sabem que vou passar. Mal me reconhecem! O meu rosto está desfigurado, coberto de sangue e de contusões! Fitai-me também e vede se, olhando o meu rosto, conseguis comover os vossos duros corações. Fitai o meu rosto dolorido das contínuas bofetadas que vós próprios lhe dais quando esbofeteais a vida dos vossos irmãos e assoalhais os seus defeitos e os seus segredos. Fitai o meu rosto sujo dos vossos escarros quando fingis o que não sois e praticais caridade para serdes vistos e louvados, quando vos mostrais bons, mas com essa bondade ambicionais algum lucro. Fitai o meu rosto cheio de Sangue, que fazeis brotar da coroa que enterrais na minha cabeça, quando fazeis sofrer os vossos irmãos com palavras agrestes, desconfianças, humilhações ou calúnias. Fitai o meu rosto e arrependei-vos agora de tudo o que me fazeis no vosso próximo, onde eu estou e, como esta mulher, vinde a ter comigo, vinde pelo arrependimento sincero limpar este rosto que desfigurastes. Vinde à fonte da misericórdia, porque eu estou pronto a perdoar-vos e a gravar em vós o meu rosto.

Pai-Nosso. Ave-Maria. Glória.

Tende piedade de nós, Senhor! Tende piedade de nós! Que as almas dos fiéis defuntos, pela misericórdia de Deus, descansem em paz.

7ª ESTAÇÃO:
JESUS CAI PELA SEGUNDA VEZ.

Canto: Novamente desmaiado sob a cruz que vai levando, cai por terra o salvador. Nós vos adoramos e bendizemos, ó Jesus! Que pela vossa santa cruz remistes o mundo!

Segunda queda! Caí pela segunda vez, tropeçando nas pedras do caminho, estas pedras que não se amaciaram para eu passar! Nada na minha paixão saiu do ritmo normal da natureza. Também os corações e as mentes daqueles que me maltratavam não foram forçados a mudar para eu sofrer menos! Eu, o inocente por excelência! Não vos admireis daquilo que venhais a sofrer, não vos admireis que inocentes sofram! Deus manietou-se a si próprio quando vos deu liberdade para agir; se interviesse e evitasse tudo aquilo que faz sofrer o homem, seria o próprio homem que sofreria com sua liberdade retirada. Tendes liberdade para o bem e para o mal. É a vossa grande responsabilidade! É por isso que todos vós tendes responsabilidade na minha segunda queda. Caí por causa das quedas que tendes nas vossas más opções, por causa daquilo que escolheis fazer tantas vezes apenas guiados pelo vosso egoísmo, pelo vosso desejo de facilidade, por não vos quererdes sacrificar senão naquilo que é vistoso. A minha queda foi humilhante. O Sangue brotou novamente dos sítios onde já tinha secado. Esta queda reparou as vossas faltas de humildade, essas opções falsas, cheias de conveniências. Humilhai-vos profundamente nesta minha queda, porque ela foi provocada pela vossa falta de humildade em aceitar aquilo que não seduz o vosso amor próprio.

Pai-Nosso. Ave-Maria. Glória.

Tende piedade de nós, Senhor! Tende piedade de nós! Que as almas dos fiéis defuntos, pela misericórdia de Deus, descansem em paz.

8ª ESTAÇÃO:
JESUS CONSOLA AS MULHERES DE JERUSALÉM.

Canto: Das mulheres que choravam, que fiéis o acompanhavam, é Jesus consolador. Nós vos adoramos e bendizemos, ó Jesus! Que pela vossa santa cruz remistes o mundo!

Continuo a avançar. O meu Sangue continua a deixar pelo caminho a sua marca. Estou quase sem forças e custa-me levantar os pés, tropeçando muitas vezes. Neste momento, o meu olhar é atraído por um grupo de mulheres que choram. Eram amigas piedosas. Choram com pena, por me verem tão maltratado. Olho para elas e o meu coração compadece-se por estarem tão incautas do mal que as rodeia e daquilo que lhes acontecerá e a seus filhos num futuro não muito longínquo. Por isso, das últimas forças que me restam, aproveito para avisá-las, alertá-las, a fim de que pudessem escapar à grande tribulação que surgiria. Também aviso a vós que pouco vos presta chorar de emoção pelas minhas dores nesta Via-Sacra se não converteis o vosso coração, se não mudais naqueles pontos que me desagradam e em que caís tantas vezes. Ao fazerdes a Via-Sacra, procurai antes de tudo, pela meditação dos meus sofrimentos, mergulhar-vos no meu Sangue e implorar forças para mudar de vida. Depois, procurai ver o que tendes a reformar e metei ombros a esse trabalho, aproveitando toda a força do meu Sangue e do meu ensino. Sim, chorai, mais sobre vós do que sobre mim, porque a minha dor é a vossa esperança, e os vossos pecados são a traição àquilo que a minha dor vos alcançou.

Pai-Nosso. Ave-Maria. Glória.

Tende piedade de nós, Senhor! Tende piedade de nós! Que as almas dos fiéis defuntos, pela misericórdia de Deus, descansem em paz.

9ª ESTAÇÃO:
JESUS CAI PELA TERCEIRA VEZ.

Canto: Cai exausto o bom Senhor, esmagado pela dor dos pecados e da cruz. Nós vos adoramos e bendizemos, ó Jesus! Que pela vossa santa cruz remistes o mundo!

Tinha gasto o resto das forças avisando aquelas mulheres do perigo que corriam. Os meus pés que tropeçavam continuamente não resistiram a novo puxão dos soldados. Consegui equilibrar-me e caí, na mais dolorosa das quedas, deixando no chão largas manchas de sangue, que ali ficou. O povo passou sobre ele, ignorante, distraído, incrédulo, como vós passais nas vossas comunhões tão pouco vividas, nas missas em que estais longe daquilo que, na realidade, se passa no altar. No chão da vossa alma ficou o meu Sangue, que desaproveitais e sobre ele passam os vossos pensamentos distraídos, na ação de graças, que devíeis tornar momentos de grande intimidade comigo e que deixais passar, como se tivésseis comido um alimento qualquer. Não critiqueis aquele povo que pisou o meu sangue no chão. Esse povo não sabia aquilo que vós sabeis, e vós fazeis o mesmo com a vossa indiferença perante o meu amor, que se vos dá sem que lhe deis nada em troca, senão indiferença e distração. Nas vossas comunhões, lembrai-vos de que na vossa alma está derramado o meu Sangue. Vede se tendes coragem de o deixar de pisar pela turba das vossas distrações.

Pai-Nosso. Ave-Maria. Glória.

Tende piedade de nós, Senhor! Tende piedade de nós! Que as almas dos fiéis defuntos, pela misericórdia de Deus, descansem em paz.

10ª ESTAÇÃO:
JESUS É DESPOJADO DAS SUAS VESTES.

Canto: Já do algoz as mãos agrestes, as sangrentas, pobres vestes vão tirar do bom Jesus. Nós vos adoramos e bendizemos, ó Jesus! Que pela vossa santa cruz remistes o mundo!

Tinha as vestes coladas ao corpo, principalmente nos lugares das feridas que tinham sangrado. As vestes foram-me brutalmente arrancadas e os meus ombros e costas, em carne viva, sangrando profundamente, ficaram expostos aos olhares daqueles homens que punham a sua satisfação em espetáculos de sangue, dor e morte. O meu peito e os meus braços, igualmente cobertos de feridas sangrentas, continuavam a manifestação da obra que em mim, como em terreno lavrado, tinha sido feita. Todo o meu corpo foi observado, objeto de mofa e escárnio, as feridas das minhas pernas e dos meus joelhos postos em ridículo para salientar a minha fraqueza. Tudo isso foi humilhação profunda a juntar-se a todas as humilhações que já sofrera. Humilhei-me por vós, por todas aquelas vezes em que fugis à humilhação, fugindo à verdade, para que possais continuar a ser bem vistos, por todas as vezes que vos defendeis e vos confrontais com aqueles que vos magoam, magoando-os também e falando deles sem amor. Quando vos humilharem, lembrai-vos deste momento da minha paixão e implorai que o Sangue que aqui derramei, ao serem-me as vestes arrancadas, desça sobre vós e purifique os vossos corações, para que possais unir a vossa humilhação à minha.

Pai-Nosso. Ave-Maria. Glória.

Tende piedade de nós, Senhor! Tende piedade de nós! Que as almas dos fiéis defuntos, pela misericórdia de Deus, descansem em paz.

11ª ESTAÇÃO:
JESUS É PREGADO NA CRUZ.

Canto: Sois por mim na cruz pregado, insultado, blasfemado, com cegueira e com furor. Nós vos adoramos e bendizemos, ó Jesus! Que pela vossa santa cruz remistes o mundo!

Estou em dor infinita para vos poupar à dor da perdição eterna, e vós não sentis! Estou em dor que ultrapassa a vossa compreensão, e não vos apercebeis! Falais de dor, falais da minha dor, como quem fala em qualquer dor que não sente em si. Nunca podereis compreender a minha dor, porque não sois vós a senti-la. Não podeis imaginar a dor da carne e dos nervos perfurados, rasgados, estraçalhados! Não podeis entender este sofrimento sem limites, donde jorra Sangue, como de uma fonte, salpicando as mãos e os braços dos meus carrascos, com generosidade única. Vinde para aqui, para junto de mim, ajoelhai-vos neste chão que deixo empapado em sangue e procurai que também a vós ele salpique. Ó meus amados filhos, aqui onde aceito ser pregado por amor de vós, aceitai, dizei-me que aceitais ser pregados naquela cruz que eu vos dou e que vós sabeis qual é. É aquela que mais vos dói, que mais vos incomoda e da qual mais procurais fugir. Dizei-me agora que aceitais ser, por meu amor, pregados nela, porque ela vos trará aquela participação que deveis ter comigo, como membros do meu corpo, na salvação do mundo. Sede vós as minhas mãos e os meus pés. Deixai-vos cravar comigo em mim.

Pai-Nosso. Ave-Maria. Glória.

Tende piedade de nós, Senhor! Tende piedade de nós! Que as almas dos fiéis defuntos, pela misericórdia de Deus, descansem em paz.

12ª ESTAÇÃO:
JESUS MORRE NA CRUZ.

Canto: Por meus crimes padecestes, meu Jesus, por mim morrestes, quanta angústia, quanta dor. Nós vos adoramos e bendizemos, ó Jesus! Que pela vossa santa cruz remistes o mundo!

Estou há três horas na cruz. Três horas de sofrimento infinito, sofrimento de que não conseguis fazer ideia. Só vos resta ajoelhar aqui, debaixo da minha cruz, contemplar-me e adorar em silêncio. Abraçai-vos à minha cruz. Deixai que o meu Sangue, que escorre por ela, vos molhe, porque ele vos lava dos vossos pecados, se estais arrependidos. Os meus pés não estão muito alto. Podeis chegar-lhes facilmente e encostar neles o vosso rosto. Não tenhais receio, que não aumentais a minha dor, sois até doce carícia para mim. Oh, meus filhos! Mesmo que estejais cheios de pecados, a minha alegria será receber-vos. Não posso fechar os meus braços. Estão pregados e abertos para todos os que se quiserem aproximar. Teria deixado que os fariseus me abraçassem, se eles quisessem. Mas não queriam. Passavam, abanavam a cabeça e escarneciam. Simulavam de inteligentes, fazendo raciocínios a meu respeito, e não caíam na conta dos seus pecados. Não façais isso. Fugi a todo raciocínio que ponha em dúvida o meu amor, a minha misericórdia, o meu poder, a minha igreja, a obediência que me deveis e o vosso pecado, que vos faz procurar a felicidade na satisfação da vossa vontade, e não da minha. Vinde a mim sem raciocinar, só por amor. Rezai só por amor, obedecei só por amor, mortificai-vos só por amor e vivereis no meu amor, todos os dias da vossa vida. Que o vosso temor seja unicamente o de magoar-me, e não o de me amar bastante, me obedecer. Para evitá-lo, vinde abraçar os meus pés crucificados, e o meu Sangue vos dará forças e fará de vós servos fiéis.

Pai-Nosso. Ave-Maria. Glória.

Tende piedade de nós, Senhor! Tende piedade de nós! Que as almas dos fiéis defuntos, pela misericórdia de Deus, descansem em paz.

13ª ESTAÇÃO:
JESUS É COLOCADO NOS BRAÇOS DE SUA MÃE.

Canto: Do madeiro vos tiraram e à mãe vos entregaram com que dor e compaixão. Nós vos adoramos e bendizemos, ó Jesus! Que pela vossa santa cruz remistes o mundo!

Já morto, sou colocado nos braços daquela que daria a vida por mim, que daria todo o seu sangue para evitar que eu derramasse uma gota do meu. As suas lágrimas magoadas caem sobre mim. A minha mãe é a criatura que mais me amou e que mais me amará entre todas as criaturas, porque só o seu coração tem capacidade para a imensidade de amor que nela derramei, imensidade que não poderia derramar nem nos serafins. O poder do meu Sangue livrou-a antecipadamente de ser atingida por qualquer espécie de mal. A esta mãe imaculada apenas o amor e a dor tocaram. A dor tocou-a, feriu-a profundamente em todos os pontos já tocados pelo amor. Foi ferida pela dor, como são feridos muitos inocentes, as crianças. A dor não a poupou. Não pretendais que a dor poupe algum de vós. Todos sois pecadores e a todos a dor há de visitar, não exatamente por serdes pecadores, mas por serdes meus, por serdes membros do meu corpo, este corpo sofredor, que repousa agora nos braços desta mãe que chora. Vinde também aqui chorar, não tanto por mim, mas por aquelas almas que recusam o meu Sangue e optam pelo ódio eterno. São essas pelas quais deveis chorar. Mas não fiqueis só a chorar. Procurai ver o que podeis fazer por elas, enquanto ainda estão na Terra. Parti depois para a luta, oferecendo por esses irmãos o vosso trabalho, redobrando-o de oração e sacrifício.

Pai-Nosso. Ave-Maria. Glória.

Tende piedade de nós, Senhor! Tende piedade de nós! Que as almas dos fiéis defuntos, pela misericórdia de Deus, descansem em paz.

14ª ESTAÇÃO:
JESUS É COLOCADO NO SEPULCRO.

Canto: No sepulcro vos puseram, mas os homens tudo esperam do mistério da Paixão. Nós vos adoramos e bendizemos, ó Jesus! Que pela vossa santa cruz remistes o mundo!

Os meus amigos colocaram-me no sepulcro. Era o sepulcro novo de José de Arimateia. Era o que de melhor aquele homem me podia dar, aquilo que tinha reservado para si próprio, mas de que prescindia para mim. Também vós precisais prescindir muitas vezes de diversas coisas que escolhestes, reservastes, acarinhastes, para vosso uso, coisas, situações, modos de ver ou de atuar, pessoas, sistemas de vida, opções. Vedes com tristeza isso ser posto em causa e vos retraís. Fechais e escondeis na vossa mão aquilo a que estais agarrados e dizeis que é vosso, que tendes direito a isso. Sim, tendes direito. José de Arimateia também tinha direito ao seu sepulcro novo. Ninguém o podia obrigar a dá-lo a mim, mas ele o deu, mas ele o ofereceu para mim. Se não o tivesse dado a mim, o seu sepulcro seria um como tantos outros. Seria um ninho de podridão. Por ter dado a mim o seu sepulcro, este se tornou o lugar glorioso da minha ressurreição. Igualmente, para todos vós, só haverá glória de ressurreição se me oferecerdes tudo isso a que vos agarrais com tanto apego, com tanto afeto. Se não me oferecerdes, dentro de anos tudo apodrecerá convosco. Apodrecerá convosco essa satisfação, essa comodidade, esse prazer, essa ideia, esse raciocínio, esse querer, essa amizade, esse trabalho, esse descanso. Se, no entanto, vós me oferecerdes tudo, se prescindirdes disso, se me oferecerdes o que tendes de vosso, então, vereis isso de que prescindis aureolado com a minha glória, como um sepulcro que me dais para eu ressuscitar e vós ressuscitar comigo. Ali no sepulcro, o meu Sangue deixou marcas para vós, no meu sudário. Também deixarei marcas em vós, quando a mim vos entregardes, me receberdes sem "mas", sem "por quê", sem "talvez", quando me receberdes em primeiro lugar, não em segundo, terceiro ou último lugar, como costumais fazer. O meu sepulcro sois vós próprios. É em vós que descanso e quero ressuscitar. Cada um de vós deve ser aquele sepulcro novo que me é dado, não por obrigação, mas só por amor.

Pai-Nosso. Ave-Maria. Glória.

Tende piedade de nós, Senhor! Tende piedade de nós! Que as almas dos fiéis defuntos, pela misericórdia de Deus, descansem em paz.

15ª ESTAÇÃO: RESSURREIÇÃO.

Nós vos adoramos e bendizemos, ó Jesus! Que pela vossa santa cruz remistes o mundo!

A noite foi o momento escolhido por mim para ressuscitar. Foi durante a noite que a minha glória se manifestou. Será também à noite que, em vós, a minha glória se manifestará. Quando sofreis, quando estais tristes, abandonados, em trabalhos e dores, quando parece nada mais vos restar, quando tudo para vós for trevas e morte, então estou mais perto de vos manifestar a minha glória. Tende esperança, tende confiança inabalável e eu responderei à vossa esperança e à vossa confiança com a luz da ressurreição, como respondi à esperança e à confiança de minha mãe. Transformarei o vosso pranto em riso, a vossa dor em júbilo, a vossa tristeza em alegria, as vossas trevas em luz, porque eu sou a luz que ilumina o mundo e que dissipa as trevas dos vossos corações. Confiai em mim e sereis salvos, vós e aqueles por quem rezais.

Pai-Nosso. Ave-Maria. Glória.

Tende piedade de nós, Senhor! Tende piedade de nós! Que as almas dos fiéis defuntos, pela misericórdia de Deus, descansem em paz.

Oração Final: Senhor, Jesus, queremos, no final desta Via-Sacra, prometer-te fidelidade e amor sem restrições. Concede-nos que apliquemos na nossa vida aquilo que quiseste ensinar-nos, e que produzamos frutos de caridade que alimentem os nossos irmãos. Aceitamos a cruz que enviar-nos, e pedimos-te a graça de sempre a olharmos com amor. Abençoa-nos, para que ponhamos em prática, em dia, o que hoje Te prometemos.

LOUVOR ÀS CHAGAS E AO SANGUE DO CORDEIRO

(Extraído do livro: *Orações Selecionadas*)

Louvo as Chagas e o Sangue do Cordeiro, que curam as fraquezas do meu corpo.

Louvo as Chagas e o Sangue do Cordeiro, que curam as fraquezas da minha alma.

Louvo as Chagas e o Sangue do Cordeiro, que curam as fraquezas do meu espírito.

Adoração ao Cordeiro de Deus, que derramou Seu Sangue por nós em agonia.

No Seu Sangue há poder para perdoar.

No Seu Sangue há poder para purificar.

No Seu Sangue há poder para salvar.

No Seu Sangue há poder para libertar.

No Seu Sangue há poder para vencer.

No Seu Sangue há poder para renovar.

No Seu Sangue há poder para proteger.

Para aquele que crê no poder do Sangue de Jesus, nada é impossível.

Louvo o Sangue do Cordeiro, que cobre todos os meus pecados, para que não mais sejam vistos.

Louvo o Sangue do Cordeiro, que me purifica de todos os meus pecados e me torna alvo como a neve.

Louvo o Sangue do Cordeiro, que tem poder de me libertar de todas as minhas correntes e da escravidão do pecado.

Louvo o Sangue do Cordeiro, que é mais forte que meu próprio sangue, infestado de pecado, e que me transforma à imagem de Deus.

Louvo o Sangue do Cordeiro, em que há vitória sobre todos os poderes que querem me oprimir, sobre todo o poder do inimigo.

Louvo o Sangue do Cordeiro, que me protege das astutas investidas do inimigo.

Louvo o Sangue do Cordeiro, que me prepara as vestes nupciais.

Louvo o Sangue do Cordeiro, que faz novas todas as coisas.

Aleluia! Amém.

ORAÇÃO DE CONSAGRAÇÃO AO SANGUE DE JESUS

(Extraído do livro: *Orações Selecionadas*)

Na consciência do meu nada e da Vossa grandeza, misericordioso Salvador, eu me prostro aos Vossos pés e Vos rendo graças pelos inúmeros favores que me haveis concedido, a mim, ingrata criatura, em especial, por terdes me livrado, por intermédio de Vosso Preciosíssimo Sangue, da maléfica tirania de Satanás.

Em presença de Maria, minha boa Mãe, do meu Anjo da Guarda, dos meus Santos Patronos, de toda a Corte celeste, eu me consagro, ó bondosíssimo Jesus, com sincero coração e por livre decisão, ao Vosso Preciosíssimo Sangue, com o qual Vós livrastes o mundo inteiro do pecado, da morte e do inferno.

Prometo-Vos, com o auxílio da Vossa graça e segundo as minhas forças, despertar e fomentar, quanto em mim estiver, a devoção ao Vosso Preciosíssimo Sangue, preço da nossa salvação, a fim de que o Vosso Sangue adorável seja por todos honrado e venerado.

Quisera eu, por este modo, reparar as minhas infidelidades para com o Preciosíssimo Sangue e oferecer-Vos, igualmente, reparação por tantos sacrilégios, pelos homens cometidos, contra o preciosíssimo preço de nossa redenção.

Oxalá eu pudesse fazer desaparecer os meus pecados, as minhas friezas e todos os desrespeitos com que Vos ofendi, ó Preciosíssimo Sangue!

Vede, amantíssimo Jesus, que Vos ofereço o amor, a estima e a adoração que a Vossa Mãe Santíssima, os Vossos Apóstolos fiéis e todos os Santos renderam ao Vosso Preciosíssimo Sangue, e Vos rogo queirais esquecer-Vos das minhas infidelidades e friezas passadas e perdoeis a quantos Vos ofendem.

Aspergi-me, Divino Salvador, e bem assim a todos os homens, com o Vosso Preciosíssimo Sangue, a fim de que nós, ó Amor Crucificado, desde agora e de todo o coração, Vos amemos e dignamente honremos o preço da nossa salvação. Amém.

ORAÇÃO A NOSSA SENHORA, RAINHA DO PRECIOSÍSSIMO SANGUE

Mãe de Deus, Rainha do Preciosíssimo Sangue, ensinai-me a adorar o Sangue do Teu Filho Jesus e a venerar cada gota que, por amor a mim, foi derramada. Dai-me a graça de mergulhar nesse mistério a fim de que eu compreenda que o Sangue de Cristo é o motivo mais forte da esperança.

Como a Senhora, que tocou esse Sangue em cada fase da vida de Jesus e por ele foi transformada, fazei com que esse Sangue, por meio da minha adoração, também penetre e transforme o meu coração, a minha mente e todo o meu ser.

Que, pela vossa intercessão, o Sangue de Jesus alcance a profundeza do meu interior e gere em mim a vida prometida por Cristo.

Amém!

ORAÇÃO DO CERCO DE JERICÓ

(Extraída do livro *Acolha as graças do Cerco de Jericó* - Padre Rogério Canciam)

DERRUBANDO MURALHAS PELO SANGUE DE JESUS

REVISTA-SE COM A ARMADURA DE DEUS, VESTES ESPIRITUAIS DE EFÉSIOS 6,10-18:

Revisto-me da armadura de Deus, para resistir às ciladas do demônio. Pois não é contra homens de carne e sangue que tenho de lutar, mas contra os principados e potestades, contra os príncipes deste mundo tenebroso, contra as forças espirituais do mal (espalhadas) nos ares. Tomo a armadura de Deus, para resistir nos dias maus e manter-me inabalável no cumprimento do meu dever cristão. Permaneço alerta, à cintura cingido com a verdade, o corpo vestido com a couraça da justiça, e os pés calçados de prontidão para anunciar o Evangelho da paz. Embraço o escudo da fé para apagar todos os dardos inflamados do Maligno. Tomo o capacete da salvação e a espada do Espírito, isto é, a palavra de Deus. Intensifico as minhas invocações e súplicas. Oro em toda circunstância, pelo Espírito, no qual persevero em intensa vigília de súplica por todos os cristãos.

AGORA RECORRA A DEUS, PARA QUE SEJAM DEFINITIVAMENTE DESTRUÍDAS AS MURALHAS (PROVÉRBIOS 6,17-19):

Senhor Jesus Cristo, peço-lhe humildemente que venha em auxílio à minha fraqueza, pois muitas vezes eu me sinto desamparado e aflito. Renove em mim as bênçãos recebidas no sacramento do Batismo e assuma todo o controle e autoridade sobre a minha vontade, desejo e inteligência, e através do Espírito Santo derrube agora todas as muralhas que me impedem de viver a minha verdadeira vocação cristã.

Nós invocamos, poder soberano do sangue de Jesus, o Filho de Deus, prefigurado na antiga aliança, derramado na circuncisão e na agonia do Senhor, na flagelação e na coroação de espinhos, no caminho do calvário e na Cruz, na perfuração do seu coração sacratíssimo. Nós invocamos, sangue precioso de Cristo, presente na eucaristia.

Pelas lágrimas e chagas de sangue da virgem Maria, pelo sangue de todos os mártires, derramado em honra ao sangue do Cordeiro Santo, nós vos invocamos suplicantes. Com todas as milícias celestes, todos os anjos adoradores e de combate,

São Miguel, São Rafael, São Gabriel, os anjos da guarda, com os patriarcas e profetas, os santos e as santas. Humildemente vos invocamos, Pai Santo, no poder das chagas do Cordeiro. Todo o poder que destes a Josué, aos seus sacerdotes e companheiros seja manifestado agora sobre mim, minha família e todas as pessoas que participam desta celebração de fé. Selai, Senhor Jesus, com vosso sangue, todas as brechas que possam estar abertas em mim e em minha família.

Que pelo seu poderoso nome, Senhor Jesus Cristo, por seu preciosíssimo Sangue e pela intercessão da Santíssima Virgem Maria, sejam derrubadas neste momento:

- as muralhas de pragas ou maldições proferidas por meus antepassados e por aqueles que de algum modo possuem autoridade espiritual sobre mim;

- as muralhas de maldições e enfermidades vindas de meus antepassados, enfrentadas por mim ou por meus familiares nos dias de hoje;

- as muralhas do ódio, orgulho, inveja, ciúmes, murmuração, irritação, mau humor e grosserias, impaciência, vingança, perversidades, ressentimento e mágoas, revolta e rebeldia, egoísmo e falsidade, mentiras e brigas, calúnias e fofocas, fingimento e das traições, idolatria, vícios, egoísmo, solidão, pensamentos de suicídio, de autoculpa e autopiedade, avareza, compulsões e gula, ansiedade, bancarrota, luxúria e preguiça que têm amarrado o meu coração; sejam derrubadas as muralhas de toda herança negativa que trago de meus antepassados;

- as muralhas de intriga, brigas, contendas, separação, divórcio, adultério, desentendimentos e todo tipo de desunião que tem assolado minha família;

- as muralhas das dificuldades financeiras, da falta de emprego ou de trabalho, empecilhos nos negócios, falta de dinheiro, confusão mental ou emocional e dificuldade de decisão compatível com a Sua Santa vontade;

- as muralhas das doenças da alma que têm atravessado várias gerações de suas famílias, especialmente as práticas que são abomináveis aos seus olhos (Provérbios 6,17-19), como a soberba, a mentira, o homicídio, a hipocrisia, a inveja, a cobiça, o ódio, e o semear contendas entre irmãos, prostituição, dependência de álcool ou drogas, hipocondria e língua mentirosa;

- as muralhas do engano de Satanás que norteiam os meus pensamentos, todas as iluminações e astúcias do inimigo, sejam de qual origem forem;

- as muralhas de ocultismo, sortilégio, adivinhação, cartomancia, horóscopo, magia, dependência, pacto, oferendas e consagrações a entidades espirituais, sejam elas da origem que forem;

- as muralhas que estão me impedindo de ser aquilo que o Senhor me criou para ser e que atrapalham que eu viva aquilo que o Senhor criou para eu viver;

- toda e qualquer ação de Satanás em minha espiritualidade, que me torna escravo e dependente do mal, e que me impede de ser totalmente renovado pelo seu Preciosíssimo Sangue Redentor; *(apresente a Deus a sua intenção particular. Anote-a ao lado para que seja a mesma durante 7 dias).*

Senhor Jesus Cristo, pelo Teu Santíssimo Nome e Preciosíssimo Sangue e pela intercessão da Santíssima Virgem Maria, eu invoco a presença do Espírito Santo neste momento, aceito a libertação que acabei de receber e renovo as promessas de meu Batismo.

Renuncio a Satanás e a seus demônios, a suas obras e astúcias, e assumo Jesus, a Sua vitória e libertação completas em todas as áreas da minha vida: física, emocional, espiritual e financeira.

Assumo e recebo, em Teu nome, um novo pentecostes em meu coração e declaro a toda criatura que o Senhor, Jesus Cristo, é o meu único Salvador, com o Pai e o Espírito Santo! Amém.

(Erga a mão direita)

SENHOR JESUS CRISTO, que conferiu à Sua Santa Igreja a missão de curar os enfermos e libertar os cativos, na qualidade de batizado e na presença de teus Santos Anjos de batalha, em comunhão com meus irmãos e irmãs aqui presentes, pelo teu sangue derramado, por intercessão da Santíssima Virgem Maria, eu ORDENO em Teu Nome, que neste momento:

- seja destruído todo e qualquer poder de Satanás e seus demônios que prejudica, escraviza e domina a minha vida, meus pensamentos, sentimentos, emoções e decisões;

- seja destruído todo e qualquer poder de Satanás e seus demônios que pretende a minha ruína física, emocional, espiritual e financeira;

- seja destruído todo e qualquer poder de Satanás e seus demônios que semeia ódio, desentendimento, mágoa, orgulho, fofoca, julgamento e falta de perdão no meu coração e em minha família;

- seja destruído todo e qualquer poder de Satanás e seus demônios que semeia a desunião na minha casa e na minha família;

- seja destruído todo e qualquer poder de Satanás e seus demônios que pretende incutir em mim o conhecimento trazido por falsas doutrinas e religiões;

- seja destruído todo e qualquer trabalho ou despacho realizado, escrito ou pronunciado contra a minha vida, saúde, casa, amados, bens materiais e fontes de suprimento;

- seja destruído todo e qualquer feitiço, simpatia ou encantamento realizado para destruir a minha fé, esperança e caridade;

- seja destruído todo e qualquer envolvimento anterior que eu tive com doutrinas e religiões que não reconhecem a Jesus Cristo como Messias, Deus e Senhor;

- seja destruída toda e qualquer enfermidade física, emocional ou espiritual que se levantou contra a minha vida para me afastar de Ti, da verdadeira fé e da verdadeira paz;

- seja destruída toda e qualquer enfermidade física que está prejudicando o meu corpo (*mencionar a enfermidade*);

- seja destruído todo e qualquer problema emocional que me impede de viver a minha verdadeira vocação espiritual, e de ter alegria plena.

Nós vos louvamos e adoramos, vos glorificamos e agradecemos por todos os milagres e curas, libertações e prodígios que emanaram do vosso trono de amor. Bendito seja o Sangue do Filho que, em comunhão com o Pai e o Espírito Santo, nos cumula de toda graça e bênção. Amém.

Para concluir, faça a leitura orante do Capítulo 6 do livro de Josué.

*Extraída do livro "Acolha as graças do Cerco de Jericó" - Padre Rogério Cancian)

ORAÇÃO DE LIBERTAÇÃO

(EM PÉ, SEGURANDO UM CRUCIFIXO COM A MÃO DIREITA)

Levanta-se Deus, intercedendo a Bem-Aventurada Virgem Maria, São Miguel Arcanjo e todas as Milícias Celestes, que sejam dispersos os seus inimigos e fujam de sua face todos os que o odeiam!

V. Eis a Cruz do Senhor, fugi, potências inimigas!

R. Venceu o leão da tribo de Judá, a estirpe de Davi.

V. Venha a nós, Senhor, a vossa misericórdia.

R. Como esperamos em vós.

V. Senhor, escutai a minha oração.

R. E chegue até Vós o meu clamor.

V. Das emboscadas do demônio,

R. Livrai-nos, Senhor.

São Miguel Arcanjo, defendei-nos no combate. Sede o nosso refúgio contra as maldades e as ciladas do demônio. Ordene-lhe Deus, instantemente o pedimos, e vós, Príncipe da Milícia Celeste, pela Virtude Divina, precipitai no inferno a Satanás e a todos os espíritos malignos que andam pelo mundo para perder as almas.

V. São Miguel Arcanjo,

R. Rogai por nós.

8

NOVENA EM PREPARAÇÃO À FESTA DO SAGRADO CORAÇÃO DE JESUS

A festa litúrgica do Sagrado Coração de Jesus é celebrada na sexta-feira após o segundo domingo de Pentecostes, e a festa do Imaculado Coração de Maria é celebrada no dia seguinte à festa do Sagrado Coração de Jesus. (*As Doze Grandes Promessas do Sagrado Coração de Jesus*, de Celina H. Weschenfelder, Paulinas)

PRIMEIRO DIA

O Sagrado Coração de Jesus cura e salva.

Em Nome do Pai, do Filho e do Espírito Santo. Amém.

Reflexão

Jesus andava com seus discípulos, acolhia e abençoava as crianças e todas as pessoas que chegavam perto dele. Certo dia, ele e os discípulos navegavam pelo mar e aportaram em Genesaré. Assim que saíram da barca, o povo o reconheceu. Jesus e os discípulos ficaram vários dias nessa região e todos os que padeciam de algum mal eram curados por ele (cf. Mc 6,53-56).

Oração

Ó Bom Jesus, vós que curastes os doentes, aliviastes a dor daqueles que não tinham acesso aos meios de cura, olhai para todas as pessoas que esperam a cura de algum mal. Ajudai-nos a acreditar na força da oração e que sem vós nada podemos.

Sagrado Coração de Jesus, curai os doentes, aliviai-lhes os sofrimentos.

Pai-Nosso. Ave-Maria. Glória.

SEGUNDO DIA

Espiritualidade do Sagrado Coração de Jesus.

Em nome do Pai, do Filho e do Espírito Santo. Amém.

Reflexão

A ferida aberta, a cruz, os espinhos, a água e o sangue são para nós motivos de profunda contemplação. É do Coração transpassado de Jesus na cruz que nasce a nova humanidade: a Igreja. Os espinhos representam os nossos pecados e os de todos os seres humanos. "Eis aquele Coração que tanto amou a humanidade! Em troca só recebe ingratidões" (terceira aparição a Margarida Maria Alacoque, junho de 1675). A cruz representa a obediência, e esta, a entrega de Jesus à vontade do Pai.

Oração

Sagrado Coração de Jesus, que saibamos sempre contemplar o vosso Coração que tanto nos amou, dando a própria vida. Como em nossa vida precisamos de símbolos, sinais e lembranças, queremos sempre manter em nosso lar a vossa imagem, para tê-la ainda mais fortemente guardada em nosso coração. Jesus, que sois manso e humilde de coração, fazei-nos sempre mais semelhantes ao vosso Coração.

Pai-Nosso. Ave-Maria. Glória.

TERCEIRO DIA

A paz que o Coração de Jesus irradia.

Em nome do Pai, do Filho e do Espírito Santo. Amém.

Reflexão

Lembro hoje algumas palavras que Santa Teresa D'Ávila já escrevia no século XVI, mas que são atuais para nós, hoje: "Nada te perturbe, nada te amedronte, tudo passa, a paciência tudo alcança. A quem tem Deus nada falta, só Deus basta!".

Oração

Sagrado Coração de Jesus, que dissestes: "Eu vos deixo a paz, eu vos dou a minha paz", fazei-nos instrumentos de vossa paz. Que todas as pessoas que propagam essa devoção sejam instrumentos do bem, da verdade, da justiça e do amor, como São Francisco de Assis.

Pai-Nosso. Ave-Maria. Glória.

QUARTO DIA

Comunicar a vida, em união com Jesus.

Em nome do Pai, do Filho e do Espírito Santo. Amém.

Reflexão

A missão de Jesus era dar a vida às pessoas, restituir-lhes a dignidade, a saúde, a vontade de viver e de trabalhar pelo bem dos outros. "Eu vim para que tenham vida e vida em plenitude" (cf. Jo 10,10). Assim como os discípulos, as mulheres, Zaqueu e tantos outros, as pessoas próximas de Jesus também se tornavam, por sua vez, proclamadoras da Boa-Nova do Reino e comunicadoras da vida.

Oração

Ó Mestre e Senhor, nós vos agradecemos por terdes dado vossa vida por tantas pessoas. Que saibamos ter sempre a ternura do "Bom Pastor" para com todas as pessoas das quais nos aproximamos, especialmente de quem se extraviou, de quem é fraco, do sofredor, a fim de que o amor do Pai alcance tudo e a todos.

Pai-Nosso. Ave-Maria. Glória.

QUINTO DIA

Consagrados ao Coração de Jesus.

Em nome do Pai, do Filho e do Espírito Santo. Amém.

Reflexão

Como lemos no livro do Deuteronômio, somos pessoas consagradas e abençoadas por Deus: "Tu és um povo consagrado ao Senhor teu Deus. O Senhor teu Deus te escolheu dentre todos os povos da terra para seres o seu preferido. O Senhor se afeiçoou a vós e vos escolheu (...) porque vos amou e quis cumprir o juramento que fez a vossos pais". (Cf. Dt 7,6-11)

Oração

Senhor Jesus, realmente reconhecemos que somos consagrados e agraciados por vós com um grande amor que nos amou primeiro. Em consequência disso, muitos esperam de nós um testemunho dessa mesma alegria partilhada, pois "quando ainda estávamos sendo formados em segredo (...) quando ainda éramos embriões, ele já nos conhecia". (Cf. Sl 139,15-16)

Pai-Nosso. Ave-Maria. Glória.

SEXTO DIA

O Coração de Jesus e as famílias.

Em nome do Pai, do Filho e do Espírito Santo. Amém.

Reflexão

É grande o desafio de formar hoje uma família. A nona promessa lembra a importância da introdução do Sagrado Coração de Jesus nas famílias, para que ele seja o centro do lar: "Hoje entrou a salvação nesta casa" (cf. Lc 19,9), disse Jesus a Zaqueu depois que entrou em sua casa. É uma grande bênção trazer para nossos lares a lembrança do Coração de Jesus, para que o amor esteja gravado no mais profundo do nosso ser e inspire toda a nossa vida em família, de uns para com os outros.

Oração

Sagrado Coração de Jesus, que nosso lar esteja sempre aberto para recebê-lo e acolhê-lo nos irmãos que sofrem. Temos confiança em vós e queremos que permaneçais em nosso lar, conosco formando uma família, que saiba compreender, perdoar e ter misericórdia.

Pai-Nosso. Ave-Maria. Glória.

SÉTIMO DIA

O Coração de Jesus e o trabalho.

Em nome do Pai, do Filho e do Espírito Santo. Amém.

Reflexão

Desde os 12 anos, Jesus já participava ativamente da vida da Sagrada Família. Tendo ido com seus pais ao templo, em Jerusalém, ficou entre os doutores da Lei durante três dias, ensinando-os e respondendo a todo tipo de perguntas (cf. Lc 2,41-52). Jesus tinha certeza de que o Pai colocara nele total confiança na realização de seu projeto.

Oração

Jesus trabalhador e amigo dos trabalhadores, olhai para os desempregados, que lutam pelo sustento de suas famílias. Conheceis a dor de tantas famílias que não têm o necessário para o alimento dos seus filhos e filhas. Temos certeza de que o vosso Sagrado Coração aumentará em nós a coragem para enfrentarmos as lutas de cada dia, buscando em vós a plena confiança.

Pai-Nosso. Ave-Maria. Glória.

OITAVO DIA

O Coração de Jesus e a misericórdia.

Em nome do Pai, do Filho e do Espírito Santo. Amém.

Reflexão

O alimento de Jesus era fazer a vontade do Pai, ensinando a dar de comer a quem tem fome, vestir os nus, visitar os doentes e osw prisioneiros, acolher os migrantes (cf. Mt 25,31-46). A caridade evangélica é o fundamento do agir cristão. Alimenta a vida de oração e requer o empenho em viver em uma sociedade mais justa, como nos esclarecem nossos bispos no documento sobre a superação da miséria e da fome. Ter misericórdia e compaixão significa amar o próximo, ser solidário, gastar tempo e recursos como apoio aos irmãos mais pobres, na luta pela justiça.

Oração

Ó Sagrado Coração de Jesus, que viveis na intimidade do Pai e vos colocais do lado dos que sofrem, ajudai-nos a reconhecer os mais necessitados como irmãos, respeitando-os em sua dignidade e confiando em sua capacidade de agir, para que vossa vontade seja feita na terra e no céu. Que nossa oração e empenho, em união com toda a Igreja, glorifiquem o nome do Pai, que está nos céus, e apressem a vinda do vosso Reino.

Pai-Nosso. Ave-Maria. Glória.

NONO DIA

O Coração de Jesus nos envia em missão.

Em nome do Pai, do Filho e do Espírito Santo. Amém.

Reflexão

Jesus reuniu os doze Apóstolos, deu-lhes o poder de curar enfermidades e outros males. Designou ainda setenta e dois outros discípulos e mandou-os, dois a dois, diante de si, por todos os lugares e cidades. Eles voltaram alegres, dizendo a Jesus que tinham expulsado demônios, curado doentes e outras coisas mais. Jesus então lhes disse: "Alegrai-vos, sim, com tudo isso, porém mais ainda porque os vossos nomes estão escritos no céu". (Cf. Lc 10,1-20)

Oração

Senhor Jesus, que nos confiastes a missão de evangelizar e anunciar o vosso mistério de amor e de graça, dai-nos coragem e força para perseverarmos até o fim, quando Deus será tudo em todos.
Pai-Nosso. Ave-Maria. Glória.

9

CONCLUSÃO

Inicio este último capítulo com um texto de Padre Daniel Ange, da Ordem de São Bento de Clervaux, em Luxemburgo.

> "'Como vou reencontrar meus filhos amados? Como vou devolver toda a felicidade e alegria que eles perderam? Como vou libertá-los agora que estão escravizados ao pecado? Como vou curar toda essa humanidade que está doente com o vírus do pecado?' E Deus envia anjos, profetas e mensageiros, mas isso não vai adiantar muito: é necessário salvar a humanidade a partir do interior.
>
> Houve então um momento de conversa entre o Pai, o Filho e o Espírito Santo onde o Pai disse: 'Quem de nós vai salvar estes meus filhos? É preciso que seja um de nós, porque fomos nós que os fizemos. E somente aqueles que fizeram o homem podem

salvá-lo.' E o Filho disse: 'Pai, envia-me, eu estou pronto, eu quero partir!'.

Mas havia um problema: Ele precisava ter um corpo, era necessário que partilhasse da totalidade da vida humana. E porque a vida começa sendo apenas alguns milímetros no ventre de uma mulher, Deus disse: 'Meu Filho, vamos te fazer nascer do corpo de uma mulher. Você precisa de uma mamãe'. Mas apareceu um novo problema: 'Como vamos encontrar uma mãe para você? Vou enviar alguém para procurá-la'. Então o Espírito Santo saiu, mas esta mamãe não estava voando por aí, ela precisava estar num país, num lugar, num povo. Então, depois de Adão e Eva, especialmente depois de Abraão, o Espírito Santo começa a preparar este povo, vagarosamente, para que floresça esta pequena mamãe. E enfim, chega o tempo em que o povo está pronto.

Mas outro problema apareceu: até a mais bela das moças daquela época estava marcada pelo vírus do pecado original, que vai se comunicando de geração em geração. E não seria adequado dar a Deus um corpo contaminado pelo pecado, porque para que Ele fosse o Sangue que curaria aqueles que estavam contaminados era necessário que Ele próprio e seu sangue estivessem puros. Aí o Espírito Santo teve uma ideia genial: fez uma hemodiálise. Vejam que em Santa Ana, que é a avó de Jesus, o Espírito Santo fez a concepção de Maria, para que o sangue de Maria seja um sangue todo puro, como o sangue da humanidade antes do pecado. Então, essa menina no seio de Ana é mais bela do que Eva.

E Deus ficou completamente seduzido por ela, por sua beleza e por sua luz. E nessa humanidade mergulhada no pecado e nas trevas, de repente surge uma estrela brilhante e toda pura, sem nenhuma sombra do mal e do pecado. Exatamente como Deus tinha sonhado desde sempre que fosse a humanidade. E os anjos entraram numa alegria extraordinária: viram Maria como a mais bela obra do Espírito Santo, e essa menina que corria nas ruas de Nazaré ninguém sabia quem era, mas o céu inteiro estava nela. Ela já era o mundo novo, toda santa, como um dia nós seremos no céu. A única no mundo sem o vírus do pecado.

Então, entre 12 e 14 anos, quando estava preparada – tinha sido preparada durante todos esses anos pelo próprio Espírito Santo – aconteceu aquele momento extraordinário que mudou toda a história do mundo, quando através do anjo, seu embaixador, o Pai vai conversar com ela: 'Maria, eu preciso da tua ajuda porque existe algo que eu não posso dar a meu Filho. Eu preciso de um corpo humano e você pode dar isso a Ele. Você quer dar a meu Filho os teus olhos, para que toda a luz do céu possa passar através deles? Você daria a meu Filho os seus lábios, para que Ele possa cantar a minha glória e gritar a verdade? Você gostaria de dar-lhe os seus ouvidos, para que Ele possa ouvir o grito dos pobres? Você gostaria de dar-lhe as suas mãos para que elas possam repousar sobre os doentes e curá-los?

Você daria ao meu Filho os seus braços para que Ele possa abraçar as criancinhas? Você dar-lhe-ia seus pés e pernas para que Ele possa correr pelos campos e anunciar o Evangelho? Você gostaria de dar-lhe a sua carne para que um dia Ele possa dar esta carne em alimento; teu sangue, para que Ele possa um dia derramá-lo; teu coração, para que todo coração humano um dia possa bater no seu coração?' Então Maria ficou estupefata, e disse: 'Eis o meu corpo, eu o entrego a ti; eis o meu sangue, para que ele se torne o sangue do teu Filho.'" (https://www.comshalom.org/maria-a-escolhida-de-deus/)

Não houve quem contemplasse mais Nosso Senhor do que sua mãe. Nossa Senhora tem um olhar todo especial para cada gota do Sangue de Jesus e a minha grande devoção passou a ser Nossa Senhora do Preciosíssimo Sangue. Maria ensinou-me a trilhar um caminho de contemplação por meio do olhar dela. Ela contemplou cada passo de Jesus, cada queda, cada desafio, cada milagre, cada dor e cada gota de Sangue derramada. Ninguém trilhou esse caminho de contemplação melhor que Maria, pois desde a anunciação, quando o concebe, já inicia esse caminho de entrega e dor. O Sangue de Jesus é o Sangue de Maria.

"Nas minhas Lágrimas de Sangue está contido o Sangue do Meu Filho Jesus." (Palavras de Nossa Senhora Rosa Mística, em 6 de julho de 2011, à Conf. Silvia Maria)

Maria tocou esse Sangue em cada fase da vida de Jesus. As primeiras gotas de Sangue derramadas foram na sua circuncisão, que para os Judeus é tão importante quanto nosso Batismo. Essas primeiras gotas de Sangue que derramou seriam um sinal de que, apesar de ser Deus, ele se tornou um homem para nos salvar por meio de sua Paixão.

Ao chegar ao final deste livro, peço a Nossa Senhora que nos ensine a adorar o Sangue de Jesus, pois ela foi a primeira que contemplou, tocou e foi tocada por esse Sangue. Ela foi, desde o nascimento até o calvário de Jesus, uma contemplação de entrega e dor, mas, no domingo de Páscoa, um olhar radioso pela alegria da ressurreição e pela salvação que havia chegado a todos. E, enfim, um último olhar para seu amado filho na Ascensão, uma despedida com esperança de reencontro.

Maria tocou esse Sangue em momentos simples, como nas quedas de Jesus durante a infância. Mas também o contemplou nas quedas dolorosas da Via-Crúcis. Maria, ao saber que seu Filho tinha sido condenado, corre para encontrá-lo. Ao ver aquele Sangue que já estava marcando o chão, sente novamente uma espada transpassando seu coração, pois sabia que a hora havia chegado. Maria, diferentemente de todos, sabia o valor de cada gota daquele Sangue derramado. A cada poça de Sangue, chorava e adorava aquele que era seu Filho, mas, ao mesmo tempo, seu Salvador. Ao encontrar Jesus, ao olhar seu rosto desfigurado e ensanguentado, quis abraçá-lo e consolá-lo, como diz Santo Anselmo, mas os soldados a repelem com injúrias e empurram o Senhor para continuar o caminho. Santa Brígida narra que, tirando um grumo de Sangue dos olhos, Jesus encarou a Mãe e a Mãe encarou o Filho. Ó olhares dolorosos, com que, como tantas flechas, foram então transpassadas aquelas almas amantes!

O Filho vai adiante, e a Mãe, tomando também a sua cruz, no dizer de São Guilherme, vai após Ele, para ser crucificada com Ele. Maria ouviu o Filho dizer: "Tenho sede", mas não lhe foi permitido dar uma gota de água para lhe mitigar a sede. Só pode dizer-lhe, como contempla São Vicente Ferrer: "Filho, não tenho senão a água de minhas lágrimas. Via que sobre aquele leito de morte, Jesus, pregado com três cravos de ferro, não achava repouso. Queria abraçá-lo para lhe dar alívio, ao menos para o deixar expirar entre seus braços; mas não podia".

No silêncio de seu coração, Maria fazia também sua entrega pela salvação de todos os homens. A cada gota de Sangue derramada, em oração silenciosa, ela a oferecia por cada um. Ela se unia ao coração de seu filho ao dar o perdão àqueles homens e a toda a humanidade, pois não sabiam o que estavam fazendo.

"Eis o lenho da cruz, do qual pendeu a salvação do mundo. Vinde, adoremos!" Maria é a primeira a fazer a adoração à Santa cruz. "Ó santa Cruz", narra Santo Afonso esta adoração de Maria, "eu te beijo e te adoro, já que não és mais madeiro infame, mas trono de amor e altar de misericórdia, consagrado com o Sangue do Cordeiro divino, que em ti foi imolado pela salvação do mundo".

Diz Santo Anselmo que, após a crucificação de Jesus, José foi ter com Pilatos para expor a dor e o desejo da mãe pelo corpo de Jesus, e também que a compaixão para com ela enterneceu Pilatos e o moveu a conceder-lhe o corpo do Salvador. Depois de descerem Jesus da cruz, ele o depõe nos braços da mãe, que com tanta ternura o recebe e o aperta contra o peito. "Pecadores, voltai ao Coração ferido de meu Jesus; voltai arrependidos, e Ele vos acolherá", revelou a Bem-aventurada Virgem Maria a Santa Brígida. E também à mesma Santa que: "Ao Filho descido da cruz ela fechou os olhos, mas não pôde fechar-Lhe os braços, dando com isso Jesus Cristo a entender que queria ficar com os braços abertos, para acolher todos os pecadores arrependidos, que voltam para Ele".

Maria, tendo Jesus em seus braços, beija suas Chagas e relembra todas as vezes que o teve em seus braços, mas agora banhado de Sangue. Maria adora esse Sangue derramado pela salvação de todos os homens na circuncisão, adora o Sangue das quedas, da flagelação, do caminho doloroso, da coroação de espinhos e da crucificação. Em seu coração relembra as inúmeras falas de seu Filho: "Dou a minha vida para depois retomá-la. Ninguém a arrebata de mim, mas eu a dou livremente" (Jo 10,17-18).

Maria sabia que a morte de Cristo na cruz se tornaria uma fonte da qual brotam rios de água viva, sangue e água, para que todo aquele que nele crê não pereça, mas tenha a vida eterna (cf. Jo 3,16).

Maria foi testemunha de toda a obra de salvação. Ela testemunhou a entrada de Jesus neste mundo pelo Mistério da Encarnação em seu ventre. Jesus recebeu a carne e o sangue por Maria, e agora, pela sua morte e sua ressurreição, essa carne é introduzida ao Céu pela Ascensão. Maria foi digna de ver Jesus se encarnar, acompanhar todos os seus passos e foi digna de vê-lo subir para Sua Glória.

Que este livro seja para você também uma profunda experiência de Jesus por meio da força do Seu Sangue. Que ele acompanhe você em seu crescimento espiritual.

Se você tiver alcançado uma graça por meio da devoção ao Sangue de Jesus, escreva-nos:
devocao@comunidadeaguaviva.com